"十三五"国家重点图书出版规划项目

投入占用产出技术丛书

投入产出模型在收入分配分析中的应用

陈全润　王　娟/著

科学出版社

北　京

内 容 简 介

　　投入产出模型是研究收入分配问题的常用方法之一。从国民经济的运行过程来看，收入分配是连接生产与需求的重要环节。收入分配格局直接关系居民收入增长与国内消费需求及后续的国际收支状况。完善收入分配对于畅通经济循环尤为重要。本书以理论模型构建与实际应用案例相结合的方式对投入产出模型在收入分配中的应用进行介绍，主要内容包括投入产出框架下的要素收入分配模型与 Miyazawa 模型构建、中国劳动者报酬增长的结构分解分析、中国功能性与规模性收入分配影响因素分析等。

　　本书适合高校教师、科研人员、研究生及对投入产出分析感兴趣的高年级本科生阅读参考。

图书在版编目 (CIP) 数据

　　投入产出模型在收入分配分析中的应用 / 陈全润，王娟著. —北京：科学出版社，2023.6

　　（投入占用产出技术丛书）

　　"十三五" 国家重点图书出版规划项目

　　ISBN 978-7-03-071554-8

　　Ⅰ. ①投⋯　Ⅱ. ①陈⋯ ②王⋯　Ⅲ. ①投入产出模型-应用-收入分配-研究　Ⅳ. ①F223 ②F014.4

　　中国版本图书馆 CIP 数据核字（2022）第 029998 号

责任编辑：徐　倩 / 责任校对：贾娜娜
责任印制：张　伟 / 封面设计：无极书装

科 学 出 版 社 出版
北京东黄城根北街 16 号
邮政编码：100717
http://www.sciencep.com

北京捷迅佳彩印刷有限公司 印刷
科学出版社发行　各地新华书店经销

*

2023 年 6 月第　一　版　　开本：720 × 1000　1/16
2023 年 6 月第一次印刷　　印张：6
字数：121 000

定价：102.00 元
（如有印装质量问题，我社负责调换）

丛书编委会

（按姓氏拼音排序）

陈锡康 中国科学院数学与系统科学研究院
范　金 江苏行政学院
郭菊娥 西安交通大学
李善同 国务院发展研究中心
刘起运 中国人民大学
刘新建 燕山大学
彭志龙 国家统计局
齐舒畅 国家统计局
石敏俊 中国人民大学
佟仁城 中国科学院大学
汪寿阳 中国科学院数学与系统科学研究院
许　健 中国科学院大学
杨翠红 中国科学院数学与系统科学研究院
杨列勋 国家自然科学基金委员会

总　序

　　投入产出技术是数量经济学研究以及宏观经济管理中广泛使用的数量分析工具之一，以能够清晰地反映国民经济各部门间错综复杂的经济关联关系著称。近几年，在国际贸易、资源环境等热点问题的研究中投入产出技术得到越来越多学者的重视和使用。很多以投入产出模型为分析工具的文章发表在国际顶级期刊上。当前国际上很多知名的贸易增加值数据库（如经济合作与发展组织的 TiVA 数据库）背后的核心测算工具均为投入产出模型。由于在经济结构分析与产业关联关系研究方面的优势，投入产出技术在今后若干社会经济问题研究中仍将发挥不可替代的作用。

　　投入占用产出技术在传统的投入产出技术基础上进一步考虑了经济系统中生产部门对各种要素、资源存量的占用，是对投入产出技术的重要发展。投入占用产出技术由中国科学院数学与系统科学研究院陈锡康研究员于 20 世纪 80 年代提出。当时，陈锡康等受中央有关部门的委托进行全国粮食产量预测研究，为此编制了中国农业投入占用产出表。在编制过程中发现耕地和水资源在粮食生产中具有重要作用，但在传统投入产出技术中完全没有得到反映，进而发现固定资产、劳动力等在投入产出技术中也基本没有得到反映，由此提出了"投入占用产出技术"。

　　三十余年来投入占用产出技术得到了空前的发展，我国已有三十余位青年学者由于从事投入占用产出技术研究获得管理科学与工程博士学位。投入占用产出技术已成功地应用于全国主要农作物（粮食、棉花和油料）产量预测、对外贸易、水利、能源、就业、政策模拟、影响分析、收入分配等领域。相关研究成果发表论文一百余篇，多次获得国家领导人的重要批示，曾于 2006 年获首届管理学杰出贡献奖、2003 年获首届中国科学院杰出科技成就奖、2008 年获第十三届孙冶方经济科学论文奖、2009 年获大禹水利科学技术奖一等奖、2011 年获国家科技进步奖二等奖、1999 年获国际运筹学进展奖一等奖等诸多奖项。投入占用产出技术也曾获得国际上部分著名学者，如美国科学院院士 Walter Isard、诺贝尔奖金获得者 Wassily Leontief 教授、澳大利亚昆士兰大学教授 R. C. Jensen 和 A. G. Kewood 等的好评。其认为"投入占用产出分析令人极为感兴趣"和"远比标准的投入产出分析好"，是"非常有价值的发现"，是"先驱性研究"，"投入占用产出及完全消耗系数的计算方法是我们领域的一个非常重要的发明和创新"。

虽然投入占用产出技术已成为投入产出领域的一个重要研究方向，但是有关投入占用产出技术及其应用研究的书籍并不多见。中国科学院数学与系统科学研究院陈锡康研究员、杨翠红研究员等已于 2011 年出版《投入产出技术》教材，该书的系统性、权威性都得到了众多从事投入产出教学的学者的好评。在此基础上，我们一直在思索如何进一步地在高校、科研部门、政府部门、企业等拓展投入占用产出技术的研究与应用工作，满足社会各界对宏观经济数量模型的需求。在反复酝酿、不断尝试的基础上，我们决定，与投入产出学界的同仁共同编写、出版一套介绍投入占用产出技术及其应用的丛书。

这套丛书是我们对投入占用产出技术的总结和推广，希望它的出版有助于促进投入产出和投入占用产出技术的蓬勃发展。这套丛书力求体现以下特点。

第一，在丛书内容的编排上，主要介绍投入占用产出技术的理论与应用。选材既包括投入占用产出技术的理论研究，又包括近些年来投入占用产出技术在不同领域的应用介绍，主要包括农业、对外贸易、水资源、能源、就业、政策模拟分析、收入分配等方面。尽管内容包括了宏观经济的众多方面，但是并不求大、求全，而是力求精选。

第二，在每本书的内容和写作方面，注意广泛吸收国内外的优秀科研成果。丛书力求简明易懂、内容系统和实用，注重对宏观经济建模思想的阐述，并结合实证研究说明投入占用产出技术的特点及应用条件。

这套丛书是我国投入产出学界众多学者集体智慧的结晶。我们期望这套丛书的出版将对投入产出分析与投入占用产出技术学科的进一步发展及其在国民经济各领域的更为广泛的应用起到重要推动作用，并希望能够吸引更多学者加入投入产出分析的研究领域。

这套丛书由陈全润、蒋雪梅和王会娟进行组织和编辑工作，我们对他们的辛勤劳动表示衷心感谢！

前　　言

投入产出分析方法是数量经济学研究及宏观经济统计分析中广泛使用的数量分析工具之一。在产业层面，它可以简约清晰地反映国民经济中各种重要的经济结构、各种生产要素的投入情况，以及各个产业部门之间错综复杂的关联关系。由于在经济结构及部门关联关系研究等方面的优势，投入产出分析方法在社会经济系统问题研究中发挥着不可替代的作用。

在由生产、分配、交换、消费等环节所构成的经济循环中，收入分配是连接生产与最终需求的重要环节。收入分配结构的变化将直接影响后续的消费、投资及国际收支状况。在"加快构建以国内大循环为主体、国内国际双循环相互促进的新发展格局"[①]的背景下，改善收入分配状况对于实施扩大内需战略、促进居民收入增长、激活国内消费需求具有至关重要的作用。

在收入分配研究领域，投入产出分析可发挥重要作用。一方面，投入产出表提供了丰富的产业层面的要素收入分配数据，包括体现为劳动力要素收入的劳动者报酬数据，体现为资本要素毛收入的营业盈余与固定资产折旧数据，体现为政府收入的生产税净额数据。以上数据可为研究要素收入分配结构提供产业层面的重要信息。另一方面，投入产出模型可通过产业部门之间的关联关系将最终需求端与生产要素的最初投入端联系起来。在该系统模型下，可研究不同类型最终需求（消费、资本形成、出口）增长所带来的要素收入增长。由于各产业部门要素投入结构表现出明显的异质性（如制造业的劳动-资本比率低于服务业），投入产出模型可用于解析由最终需求结构变化所驱动的要素收入分配结构的变化。

本书将对投入产出模型在收入分配问题研究中的应用进行介绍，期望能够引起更多学者对投入产出分析方法的关注和使用。第1章介绍经典的投入产出模型及投入产出框架下的收入分配模型（由陈全润负责编写）。第2章基于投入产出表数据与中国家庭收入调查（Chinese Household Income Project，CHIP）微观数据从要素收入分配与居民收入分配两个方面对中国的收入分配现状进行分析（由陈全润和王娟负责编写）。第3章介绍投入产出开模型与局部闭模型在劳动者报酬增长结构分解分析（structure decomposition analysis，SDA）中的应用（由陈全润负责

[①]　《中共中央关于制定国民经济和社会发展第十四个五年规划和二〇三五年远景目标的建议》，http://www. gov.cn/zhengce/2020-11/03/content_5556991.htm[2022-04-01].

编写）。第 4 章基于投入产出模型对中国功能性收入分配与规模性收入分配结构变化的驱动因素进行分析（由王娟负责编写）。

在本书的出版过程中，在读研究生张萍、周琰、任世佳、马小涵、李佳雯、江畅做了细致的编排工作。同时，科学出版社也为本书提出了众多宝贵的修订意见。在此，为他们的辛苦付出表示衷心的感谢！最后，受作者水平所限，书中不足之处敬请读者批评指正。另外，本书的出版还得到对外经济贸易大学中央高校基本科研业务费专项资金（批准号：CXTD13-04）以及国家自然科学基金面上项目（61273208、71473244）资助。

陈全润　对外经济贸易大学
王　娟　中国人民银行乌鲁木齐中心支行
2023 年 3 月 31 日

目　　录

第1章　投入产出模型与收入分配

1.1　引　　言

从国民经济的运行过程来看，收入分配是连接生产与需求的重要环节。收入分配格局关系居民收入增长与国内消费需求。"十三五"期间，我国在改善民生、扶贫减贫、促进居民收入方面取得了举世瞩目的成绩。收入分配格局在"十三五"期间保持了积极转变，主要表现为劳动者报酬占国内生产总值（gross domestic product，GDP）的比重上升，份额由 2012 年的 49.2%上升到 2018 年的 51.5%（2012 年、2018 年中国投入产出表数据）；农村居民收入增速快于城市居民收入增速，城乡收入倍差由 2016 年的 2.72 缩小到 2020 年的 2.56；居民收入增速总体快于人均 GDP 增速，居民收入在国民收入中的比重不断提升。"十四五"期间我国经济面临诸多风险和挑战。世界经济与国际贸易遭受新冠疫情的严重冲击，中美在贸易等多个领域的博弈不断加剧，国际环境变化错综复杂，世界正经历百年未有之大变局。在此背景下，中共中央提出了"加快构建以国内大循环为主体、国内国际双循环相互促进的新发展格局"的重大战略。改善收入分配格局，促进居民收入增长，激活国内消费需求对于构建双循环至关重要。

收入分配的起点为生产活动的成果，即增加值。在收入分配过程中，各生产部门创造的增加值首先形成各生产要素的收入，即以劳动者报酬体现的劳动力收入和以营业盈余及固定资产折旧体现的资本收入，此环节称为要素收入分配，又称功能性收入分配。要素收入进一步在不同机构部门（非金融企业、金融机构、政府、住户、国外）之间分配，形成各机构部门的初始收入，此环节称为收入初次分配。各机构部门获得初始收入之后相互之间进行收入转移，最终形成各机构部门的可支配收入，此环节称为收入再分配。至此，收入分配环节完成，各机构部门在可支配收入的基础上进行消费和储蓄决策。

可见，收入分配描述了一国收入在不同单位之间（如不同生产要素之间、不同机构部门之间）进行分配的过程，这是一个典型的结构性问题。凭借在结构性问题研究方面的特有优势，投入产出模型已被广泛应用于收入分配研究领域（Steenge and Serrano，2012）。Miyazawa（1976）为最早利用投入产出模型进行收入分配研究的文献，该项工作提出了投入产出局部闭模型，并研究了收入在不同生产要素（劳动力和资本）之间的分配。由于投入产出表中仅记录了国内生产中不同要素收入的情况，因此基于投入产出模型对收入分配问题的研究主要集中在要素收入分配。对于收入在不同机构部门之间的分配研究，则需要借助于社会核算矩阵（social accounting matrix，SAM）方法（Pyatt，2001）。SAM 记录了从要素收入形成到收入在机构部门的初次分配及再分配的全过程。在 SAM 数据较难获取的情况下，也可根据研究内容对投入产出表进行扩展与灵活运用，从而得到机构部门的收入与使用情况（如居民收入和消费）。本书主要介绍和探讨投入产出模型在要素收入分配中的应用。

1.2　投入产出模型简介

投入产出分析（input-output analysis）由美国经济学家列昂惕夫（W. Leontief）于 20 世纪 30 年代提出，其基本思想刊登在《经济与统计评论》（*Review of Economics and Statistics*）杂志上（Leontief，1936）。由于在投入产出分析方面的杰出贡献，列昂惕夫于 1973 年获得诺贝尔经济学奖。经过几十年的发展，投入产出分析已成为经济学研究中使用最为广泛的工具之一（Baumol，2000）。

投入产出模型由一组反映国民经济核算平衡的方程组成，反映了经济系统中各个产业部门间的关联关系。在根据实际观测编制出投入产出表的同时，也相应推导出了反映产业部门间关联关系的理论方程。因此列昂惕夫认为，"演绎推理的结果和实际观测之间的差距正威胁着经济学整体向经验科学妥协，而投入产出分析正是一个为缩小这一差距而设计的方法论"，即投入产出分析是一个能够使理论模型与实际观测完全吻合的经济学方法论。

1.2.1　投入产出表

投入产出表是投入产出分析的数据来源，也是投入产出模型推导的基础。一方面，它描述了国民经济中各个部门生产活动的投入情况，包括生产中需要的来自各部门的原材料的投入情况，以及劳动力、资本等生产要素的投入情况；另一方面，还描述了各个部门产出品在国民经济中的分配使用情况，包括各生产部门产出用作中间使用的部分及用作最终使用的部分，如消费、投资、出口等。

1. 传统投入产出表

传统投入产出表的形式如表 1.1 所示。

表 1.1　投入产出表

投入		产出				总产出
		中间使用	最终使用			
		部门 1，部门 2，…，部门 n	消费　资本形成　净出口			
中间投入	部门 1 部门 2 ⋮ 部门 n	I	II			
最初投入 （增加值）	劳动者报酬 生产税净额 固定资产折旧 营业盈余	III				
总投入						

　　表 1.1 中的第 I 象限描述了产业部门之间的相互消耗关系，每个部门的生产活动都需要各部门的产品作为中间投入品。该象限是投入产出表的核心象限，投入产出分析对产业部门之间复杂联系的刻画便体现在该象限。第 II 象限描述了各部门产品最终使用的情况，即消费活动使用了各部门多少产品（各部门有多少产品用作消费品），投资活动使用了各部门多少产品（各部门有多少产品用作投资品）等。该象限是从支出法的角度对 GDP 的一个刻画。第 III 象限描述了各部门的最初投入情况，如以劳动者报酬体现的劳动力的初始投入，以及以固定资产折旧和营业盈余体现的资本的初始投入等。该象限是从收入法的角度对 GDP 的一个刻画。第 I 象限和第 II 象限共同描述了各部门的产出品在国民经济各种活动中的使用情况，包括第 I 象限的生产活动使用和第 II 象限的最终需求活动使用。第 I 象限和第 III 象限共同描述了各部门生产活动的投入情况，包括第 I 象限的中间投入和第 III 象限的最初投入。投入产出表细分部门的特点为研究国民经济中的重要经济结构问题提供了支持。

　　2. 非竞争型投入产出表

　　在如表 1.1 所示的传统投入产出表中，各部门产品的使用流量中混合了国产品与进口品。为了体现一国国产品的使用情况，需要在表 1.1 的基础上对国产品和进口品进行区分。区分国产品和进口品的投入产出表通常被称为非竞争型投入产出表（陈锡康，2009），该种形式的表认为国产品与进口品之间不能相互替代，从而二者之间不存在竞争，各部门要完成生产活动必须按照固定的比例对国产品和进口品进行投入。与此对应的，传统投入产出表也称为竞争型投入产出表，由于没有区分国产品和进口品，该种形式的表认为国产品和进口品是完全竞争的，它们之间没有区别，可以相互替代。在投入产出模型的实际应用过程中，一般采用非竞争型投入产出表，即需要对中间使用和最终使用中的国产品和进口品进行区分，否则会高估国内生产部门之间的联系，从而产生有偏的计算结果。非竞争型投入产出表的表式如表1.2所示。

表1.2　非竞争型投入产出表

投入			产出		总产出
			中间使用	最终使用	
			部门1，部门2，…，部门n	消费　资本形成　出口	
中间投入	国产品	部门1	I	II	
		部门2			
		⋮			
		部门n			
	进口品	部门1			
		部门2			
		⋮			
		部门n			
最初投入（增加值）	劳动者报酬 生产税净额 固定资产折旧 营业盈余		III		
总投入					

3. 投入占用产出表

各部门在进行生产以前，必须占有掌握相应科学技术和管理技能的劳动力、固定资产、流动资金及自然资源等。各部门生产的规模和效益在很大程度上是由占用品的数量与质量所决定的，而在一般的投入产出分析中并没有体现各部门的占用情况。为解决这一问题，陈锡康（Chen，1990；Chen et al.，2005，2008；陈锡康等，2011）提出了占用的概念，并在此基础上提出了投入占用产出模型，投入占用产出模型更加完整地反映了经济系统中各部门的生产活动。由于在投入占用产出分析方面的杰出贡献，陈锡康教授被授予国际投入产出学会会士（Fellow）。投入占用产出表的表式如表1.3所示。

表 1.3　投入占用产出表

投入		产出			总产出
		中间使用	最终使用		
		部门 1，部门 2，…，部门 n	消费　资本形成　净出口		
中间投入	部门 1 部门 2 ⋮ 部门 n	I	II		
最初投入 （增加值）	劳动者报酬 生产税净额 固定资产折旧 营业盈余	III			
占用	固定资产 存货 金融证券 劳动力 自然资源 其他				
总投入					

1.2.2　投入产出模型

基于非竞争型投入产出表，可按以下过程建立投入产出模型。

首先，将投入产出表中的数据表示为图 1.1。

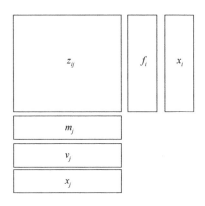

图 1.1　简化的投入产出表

图 1.1 中，z_{ij} 表示第 i 部门产品用于第 j 部门生产投入的数量；f_i 表示第 i 部

门产品用作最终需求的数量（最终消费、资本形成、出口合计）；x_i 表示第 i 部门的总产出；m_j 表示第 j 部门生产对进口品的使用量（进口矩阵的列和）；v_j 表示第 j 部门生产创造的增加值。

根据产品的使用去向，有行向恒等式（1.1）成立。

$$\sum_{j=1}^{n} z_{ij} + f_i = x_i (i = 1, 2, \cdots, n) \qquad (1.1)$$

其中，$\sum_{j=1}^{n} z_{ij}$ 表示第 i 部门产品用作中间使用的部分；f_i 表示第 i 部门产品用作最终使用的部分。这二者之和即为第 i 部门的总产出 x_i。

然后，进一步给出直接投入系数（也称直接消耗系数）a_{ij} 的定义式（1.2）。

$$a_{ij} = \frac{z_{ij}}{x_j} \qquad (1.2)$$

其中，a_{ij} 表示第 j 部门生产单位产品对第 i 部门国产品的消耗量。在投入产出模型中假定 a_{ij} 不变，由式（1.2）进一步可得

$$z_{ij} = a_{ij} x_j \qquad (1.3)$$

将式（1.3）代入式（1.1）得

$$\sum_{j=1}^{n} a_{ij} x_j + f_i = x_i (i = 1, 2, \cdots, n) \qquad (1.4)$$

将式（1.4）进一步表示为矩阵形式。

$$\boldsymbol{Ax} + \boldsymbol{f} = \boldsymbol{x} \qquad (1.5)$$

其中，$\boldsymbol{A} = (a_{ij})_{n \times n}$ 表示直接投入系数矩阵；$\boldsymbol{f} = (f_i)_{n \times 1}$ 表示最终需求向量；$\boldsymbol{x} = (x_i)_{n \times 1}$ 表示总产出向量。

求解式（1.5）得

$$\boldsymbol{X} = (\boldsymbol{I} - \boldsymbol{A})^{-1} \boldsymbol{f} \qquad (1.6)$$

其中，$\boldsymbol{I}$ 表示单位矩阵。式（1.6）即为经典的列昂惕夫投入产出模型。给定一篮子最终品，通过投入产出模型即可计算得到为生产该一篮子产品所需要的各部门的产出量。该模型的重要参数为列昂惕夫逆矩阵 $\boldsymbol{L} = (\boldsymbol{I} - \boldsymbol{A})^{-1}$，但从直观来看，逆矩阵的经济含义较难解释，若将列昂惕夫逆矩阵展开成式（1.7），其经济含义就变得清晰了。

$$\boldsymbol{L} = (\boldsymbol{I} - \boldsymbol{A})^{-1} = \boldsymbol{I} + \boldsymbol{A} + \boldsymbol{A}^2 + \boldsymbol{A}^3 + \cdots \qquad (1.7)$$

式（1.7）中 $\boldsymbol{A}$ 的元素 a_{ij} 表示生产单位 j 部门产品所直接消耗的 i 部门产品的数量，是 j 部门生产对 i 部门产品的直接需要量，体现为 j 部门对 i 部门的直接影响。$\boldsymbol{A}_{ij}^2$ 的第 i 行第 j 列元素 $\sum_{k=1}^{n} a_{ik} a_{kj}$ 表示生产单位 j 部门产品通过中间部门 k

（$k=1,2,\cdots,n$）对 i 部门产品产生的一次间接需要量。因为 j 部门在生产过程中需要使用来自 k 部门的产品，而其所需要的 k 部门产品在生产过程中需要使用来自 i 部门的产品，j 部门的需求上升后会通过中间部门 k 对 i 部门的产出产生间接影响。A^3 的第 i 行第 j 列元素 $\sum\limits_{s=1}^{n}\sum\limits_{k=1}^{n}a_{is}a_{sk}a_{kj}$ 表示生产单位 j 部门产品通过中间部门 k（$k=1,2,\cdots,n$）和 s（$s=1,2,\cdots,n$）对 i 部门产品产生的二次间接需要量。与一次间接需要量相比，二次间接需要量通过两个中间部门产生。j 部门在生产过程中需要使用来自 k 部门的产品，其所需要的 k 部门产品在生产过程中需要使用来自 s 部门的产品，而所需要的 s 部门产品在生产过程中需要 i 部门的产品，因此 j 部门需求上升后会通过中间部门 k 和 s 对 i 部门的产出产生间接影响。随着中间部门个数的增加，进一步可以得到生产单位 j 部门对 i 部门后续几轮的间接需要量。

式（1.7）的第一项 I 为单位矩阵，主对角线为 1，其他元素为 0。由于考察的是 j 部门生产单位产品对本部门产出的需要量，除了生产该单位产品对本部门产品的消耗以外，该单位产品显然也是对部门 j 产品的需要量。

综上，列昂惕夫逆矩阵中的元素 l_{ij} 满足以下条件。

$$l_{ij}=\begin{cases}1+a_{ij}+\sum\limits_{k=1}^{n}a_{ik}a_{kj}+\sum\limits_{s=1}^{n}\sum\limits_{k=1}^{n}a_{is}a_{sk}a_{kj}+\cdots\ (i=j)\\ a_{ij}+\sum\limits_{k=1}^{n}a_{ik}a_{kj}+\sum\limits_{s=1}^{n}\sum\limits_{k=1}^{n}a_{is}a_{sk}a_{kj}+\cdots\ (i\neq j)\end{cases}$$

其中，l_{ij} 表示生产单位 j 部门最终品所完全需要的 i 部门产品的数量。l_{ij} 也称为完全需要系数。从列昂惕夫逆矩阵的经济含义可以看出，投入产出模型的优势在于不仅可以计算一个部门对另一个部门的直接影响，还可以通过产业链中部门之间的关联关系计算得到一个部门对另一个部门的间接影响。l_{ij} 越大表示部门 j 与部门 i 的后向关联越强。

1.2.3　投入产出模型的基本假定

从构建过程来看，投入产出模型有两个重要的基本假定。

假定 1：生产的比例性假定。

在各部门生产过程中，中间品的投入必须按照固定的比例进行，投入品之间不存在替代关系。在假定 1 下，部门 j 的产出 x_j 由列昂惕夫生产函数决定。

$$x_j=\min\left(\frac{z_{1j}}{a_{1j}},\frac{z_{2j}}{a_{2j}},\cdots,\frac{z_{nj}}{a_{nj}}\right)$$

对于列昂惕夫生产函数的理解可参考以下简化的例子。假设汽车的生产需要投入发动机和轮胎，并且 1 辆汽车需要 1 台发动机和 4 个轮胎。在汽车生产过程中，发动机和轮胎的投入必须满足 1/4 才能生产出完整的汽车。如果给定 1 台发动机和 8 个轮胎，此时能够生产出的汽车的数量满足 $\min\left(\dfrac{1}{1},\dfrac{8}{4}\right)=1$ 辆。

如果把各部门的投入看成一种固定不变的生产技术或生产配方，那么比例性假定有一定的合理性。但在一些情景下，不允许替代的假定就有些要求过高了。例如，石油价格上涨后，生产部门可能会提高对天然气的使用比例而降低对石油的使用比例。新的生产技术的出现也会打破原有的投入比例，如塑料技术取得突破之后，生产部门会用塑料包装瓶来代替玻璃包装瓶。短期之内价格通常具有黏性，生产技术的突破也是一个长期的过程。因此，对于短期问题的研究，生产的比例性假定较为合理。

假定 2：同质性假定。

在投入产出模型中，各部门的生产只对应一组直接投入系数。这里隐含的假定是各部门只有一种生产技术，凡是属于该部门的生产单位都采用相同的投入结构进行生产，所生产的产品同质。在投入产出部门分类足够细的情况下，这一假定具有合理性。如果部门分类较粗，该假定就不合理了。例如，大的农业部门包含种植业、林业、畜牧业和渔业，种植业在生产过程中需要化肥的投入，而畜牧业在生产过程中并不使用化肥。在大的农业部门下要求这些子部门有相同直接投入系数的假定过强。因此，要想满足同质性假定只能对投入产出部门尽可能细分。

1.2.4　投入产出局部闭模型

在经济系统中，居民部门的消费活动和生产部门的生产活动紧密联系在一起。首先，居民消费会引起生产部门产出的增加，部门产出的增加通过收入分配会进一步增加居民收入，而居民收入的增加又会引起消费的增加，进一步拉动各部门产出的增加，从而产生乘数效应。如果居民部门与生产部门之间的收入-消费反馈效应与所研究的问题相关，则需要将居民的收入-消费活动反映到模型中。在投入产出分析中通常的做法为：将投入产出表中的居民消费一列封闭到中间流量矩阵中，用来反映居民对各部门产品的消耗情况；同时将劳动者报酬一行封闭到中间流量矩阵中，用来反映居民从生产中获得的收入（Miller and Blair，2009；陈锡康，1992；佟仁城，2001；陈全润和杨翠红，2011）。由于只将最终需求中的一部分（即居民消费）封闭到中间流量矩阵中，资本形成和出口等最终需求种类仍作为外生变量，因此称这一模型为投入产出局部闭模型（国际上称为 partially closed input-output model 或 semi-closed input-output model）。

投入产出局部闭模型可表示成如下形式：

$$\begin{bmatrix} \boldsymbol{A} & \boldsymbol{h}^c \\ \boldsymbol{h}^r & 0 \end{bmatrix} \begin{bmatrix} \boldsymbol{x} \\ x_{n+1} \end{bmatrix} + \begin{bmatrix} \tilde{\boldsymbol{f}} \\ f_{n+1}^* \end{bmatrix} = \begin{bmatrix} \boldsymbol{x} \\ x_{n+1} \end{bmatrix}$$

其中，$\boldsymbol{A} = (a_{ij})_{n \times n}$ 表示直接消耗系数矩阵；$\boldsymbol{x} = (x_i)_{n \times 1}$ 表示总产出列向量；x_{n+1} 表示居民总收入；$\tilde{\boldsymbol{f}}$ 表示除居民消费以外的最终需求向量；f_{n+1}^* 表示居民外生收入；$\boldsymbol{h}^c = (h_i^c)_{n \times 1}$ 表示消费系数向量；$\boldsymbol{h}^r = (h_j^r)_{1 \times n}$ 表示劳动者报酬系数向量。

消费系数 h_i^c 定义为

$$h_i^c = \frac{f_i^c}{x_{n+1}} \tag{1.8}$$

其中，f_i^c 表示居民对第 i 部门产品的消费量。

劳动者报酬系数 h_j^r 定义为

$$h_j^r = \frac{w_j}{x_j}$$

其中，w_j 表示居民从第 j 部门获得的劳动者报酬。

近几年随着各种新的研究问题的出现，投入产出局部闭模型也在不断被改进和发展，重点主要集中在如何根据不同的属性将居民部门分组，以体现不同组群所表现出的不同的消费模式。例如，Batey 等（1987）以区域投入产出局部闭模型为基础，分析了将居民部门划分为常住居民部门和新流入居民部门对模型测算结果所产生的影响；Cloutier 和 Thomassin（1994）则研究了将居民部门按照不同收入水平（如小于 10 000 美元，10 000～20 000 美元…）进行分组对模型测算结果所产生的影响。

对居民消费行为进行合理刻画是投入产出局部闭模型的另一重要研究方向。在投入产出局部闭模型中，最终需求中的居民消费被全部内生化，因而消费系数被定义为式（1.8）的形式，其等价于 $f_i^c = h_i^c x_{n+1}$，这说明居民部门对各部门产品的消费只取决于居民的当期收入。然而，根据相对收入假说、生命周期-持久性收入假说、需求系统等相关消费需求理论，居民对各部门产品的消费不仅取决于居民的当期收入，还取决于居民的消费习惯、预期收入、财富、社会因素、利率、人口结构、消费偏好、产品价格等因素，这就产生了现有的投入产出方法所反映的居民消费行为与现代消费理论不一致的问题。根据相关消费理论，居民对各部门产品的消费只有部分是由当期收入决定的，若将居民消费全部内生化，居民部门与生产部门的联系将被夸大，使得基于投入产出局部闭模型的计算结果被扭曲，甚至不合实际。对该问题的直观解决方法为：根据相关消费理论将居民消费分解为内生消费和外生消费两部分。其中，内生消费由居民的当期收入决定，外生消费由其他因素决定。Chen 等（2016）从这一思路出发提出了部分消费内生化的投入产出局部闭模型。

1.3 投入产出框架下的收入分配模型

1.3.1 投入产出表中的收入分配

投入产出表的第Ⅲ象限提供了要素收入分配研究所需要的数据来源。劳动者报酬体现了劳动力要素从生产中获得的收入，固定资产折旧和营业盈余为资本要素从生产中获得的毛收入，生产税净额可视为政府服务要素从生产中获得的收入。表 1.4 给出了 2002～2018 年我国各要素收入份额的变化情况。从表 1.4 可以看出，我国劳动者报酬占 GDP 的比重长期处于较低水平，并且经历了一段下降的过程（2002～2007 年）。随着第三产业在国民经济中的比重不断上升，以及最低工资标准的不断提高，劳动者报酬占 GDP 比重下降的趋势有所好转，2007～2012 年该比重快速上升到约 50%，此后该份额基本稳定在 51%左右。

表 1.4 中国 GDP 构成（收入法）

年份	劳动者报酬	生产税净额	固定资产折旧	营业盈余
2002	48.4%	14.3%	15.4%	21.9%
2007	41.4%	14.5%	14.0%	30.2%
2012	49.2%	13.7%	13.4%	23.7%
2017	51.4%	11.5%	13.4%	23.6%
2018	51.5%	10.4%	14.5%	23.5%

注：表中数据根据国家统计局投入产出调查年份编制的中国投入产出表计算得到；国家统计局在 2004 年改变了劳动者报酬的统计口径，此处未做统一调整。实际应用中的统一调整方法见后续章节

1.3.2 要素收入分配模型

在列昂惕夫投入产出模型的基础上引入要素收入系数，可推导出投入产出框架下的要素收入分配模型。首先根据投入产出表中 GDP 的四项组成部分（劳动者报酬 w_j、生产税净额 t_j、固定资产折旧 d_j、营业盈余 p_j）分别定义劳动者报酬系数（a_j^w）、生产税净额系数（a_j^t）、固定资产折旧系数（a_j^d）、营业盈余系数（a_j^p）。劳动者报酬系数：$a_j^w = w_j/x_j$，表示部门 j 生产单位产品所产生的劳动者报酬。生产税净额系数：$a_j^t = t_j/x_j$，表示部门 j 生产单位产品所产生的生产税净额。固定资产折旧系数：$a_j^d = d_j/x_j$，表示部门 j 生产单位产品所产生的固定资产折旧。

营业盈余系数：$a_j^p = p_j / x_j$，表示部门 j 生产单位产品所产生的营业盈余。进一步得到要素收入系数矩阵为

$$V = \begin{bmatrix} a_1^w & a_2^w & \cdots & a_n^w \\ a_1^t & a_2^t & \cdots & a_n^t \\ a_1^d & a_2^d & \cdots & a_n^d \\ a_1^p & a_2^p & \cdots & a_n^p \end{bmatrix}$$

以及由劳动者报酬 W、生产税净额 T、固定资产折旧 D、营业盈余 P 构成的要素收入向量为

$$m = \begin{bmatrix} W \\ T \\ D \\ P \end{bmatrix}$$

则要素收入由投入产出模型（1.9）决定。

$$m = V(I - A)^{-1} f \qquad (1.9)$$

式（1.9）即为投入产出框架下的要素收入分配模型，通过该模型可以计算满足任意给定的外生最终需求所能够产生的各要素收入，据此可分析需求结构变化对要素收入分配的影响。例如，分析居民消费占最终需求比重的变化对要素收入分配产生的影响，分析居民对各产业部门产品消费结构的变化对要素收入分配产生的影响。需要注意的是，该模型的一个重要假定为各要素收入系数不变，即各生产部门内部要素收入分配结构不变。因此投入产出框架下的要素收入分配模型只能刻画（由需求结构变化引起的）生产结构变化对要素收入分配的影响。若要反映生产部门内部收入分配结构变化对整体收入分配结构的影响，则需使用多个年份的投入产出表进行 SDA（详见第 4 章的分析）。

作为要素收入分配模型应用的展示，我们利用国家统计局基于经济普查数据编制的 2018 年中国投入产出表分别测算了中国居民消费需求 f^c、政府消费需求 f^g、投资需求 f^k、出口需求 f^e 对要素收入分配的影响。以上四种最终需求通过生产系统所产生的要素收入分配结构（不同需求种类产生的要素总收入中各要素收入所占比重）分别为

$$\bar{m}^c = \frac{m^c}{i'm^c} = \frac{V(I-A)^{-1} f^c}{i'V(I-A)^{-1} f^c}$$

$$\bar{m}^g = \frac{m^g}{i'm^g} = \frac{V(I-A)^{-1} f^g}{i'V(I-A)^{-1} f^g}$$

$$\bar{m}^k = \frac{m^k}{i'm^k} = \frac{V(I-A)^{-1} f^k}{i'V(I-A)^{-1} f^k}$$

$$\bar{m}^e = \frac{m^e}{i'm^e} = \frac{V(I-A)^{-1}f^e}{i'V(I-A)^{-1}f^e}$$

从表 1.5 可以看出，2018 年消费需求所产生的要素收入中劳动者报酬、生产税净额、固定资产折旧和营业盈余所占的份额分别为 56.0%、8.2%、14.4% 和 21.5%。与资本形成和出口相比，消费所产生的要素收入中劳动者报酬所占比重最高，因此提高消费在最终需求中的比重有利于提高劳动者报酬在要素收入分配中的份额。

表 1.5　2018 年不同需求种类产生的要素收入分配结构

最终需求	劳动者报酬	生产税净额	固定资产折旧	营业盈余
消费	56.0%	8.2%	14.4%	21.5%
资本形成	47.8%	12.9%	14.2%	25.1%
出口	47.0%	11.3%	15.7%	26.0%

表 1.6 进一步给出了各投入产出部门单位最终需求所产生的要素收入分配结构。整体来看，农业部门和服务业部门最终需求所产生的要素收入分配结构中劳动者报酬所占份额较高，很多部门高于 60%。例如，农林牧渔产品和服务部门最终需求所产生的要素收入中劳动者报酬所占份额为 84.5%，教育，卫生和社会工作，公共管理、社会保障和社会组织等公共部门单位最终需求所产生的要素收入中劳动者报酬所占份额分别为 67.1%、61.1% 和 71.0%，而制造业部门最终需求所产生的要素收入分配结构中劳动者报酬所占份额相对较低，大部分部门最终需求所产生的要素收入分配结构中劳动者报酬所占份额在 40% 左右。因此，中国由制造业向服务业的结构转型有利于整体上提升劳动者报酬在要素收入分配中的比重。

表 1.6　2018 年分部门单位最终需求产生的要素收入分配结构

投入产出部门	劳动者报酬	生产税净额	固定资产折旧	营业盈余
农林牧渔产品和服务	84.5%	−0.2%	7.0%	8.7%
煤炭采选产品	43.2%	20.3%	11.7%	24.8%
石油和天然气开采产品	23.5%	36.7%	27.7%	12.1%
金属矿采选产品	35.1%	28.5%	14.1%	22.4%
非金属矿和其他矿采选产品	46.8%	16.5%	16.3%	20.5%
食品和烟草	58.8%	11.9%	10.3%	19.0%
纺织品	59.0%	6.7%	13.6%	20.7%
纺织服装鞋帽皮革羽绒及其制品	56.3%	6.1%	13.0%	24.5%
木材加工品和家具	51.6%	10.5%	13.8%	24.2%
造纸印刷和文教体育用品	47.3%	10.6%	15.1%	27.1%

续表

投入产出部门	劳动者报酬	生产税净额	固定资产折旧	营业盈余
石油、炼焦产品和核燃料加工品	24.4%	39.6%	17.4%	18.6%
化学产品	40.6%	17.1%	16.1%	26.1%
非金属矿物制品	40.0%	13.8%	16.5%	29.8%
金属冶炼和压延加工品	34.8%	17.2%	17.3%	30.7%
金属制品	42.5%	13.5%	16.0%	27.9%
通用设备	41.7%	14.3%	15.5%	28.4%
专用设备	46.8%	14.9%	14.9%	23.5%
交通运输设备	39.2%	19.3%	14.1%	27.4%
电气机械和器材	41.8%	11.6%	15.6%	31.0%
通信设备、计算机和其他电子设备	49.5%	6.7%	17.0%	26.7%
仪器仪表	43.3%	16.1%	12.7%	27.8%
其他制造产品和废品废料	30.4%	15.9%	8.6%	45.1%
金属制品、机械和设备修理服务	48.3%	16.2%	13.7%	21.8%
电力、热力的生产和供应	36.8%	14.4%	28.1%	20.7%
燃气生产和供应	35.9%	19.0%	24.0%	21.1%
水的生产和供应	43.6%	12.5%	25.7%	18.2%
建筑	49.7%	13.3%	13.1%	23.8%
批发和零售	45.8%	11.8%	11.9%	30.6%
交通运输、仓储和邮政	46.0%	8.4%	29.6%	16.0%
住宿和餐饮	56.9%	6.7%	18.1%	18.2%
信息传输、软件和信息技术服务	40.9%	5.7%	23.2%	30.1%
金融	46.0%	9.9%	8.3%	35.9%
房地产	24.5%	14.8%	7.3%	53.3%
租赁和商务服务	58.8%	10.8%	12.9%	17.5%
研究和试验发展	56.8%	6.4%	18.2%	18.6%
综合技术服务	53.4%	9.1%	19.7%	17.8%
水利、环境和公共设施管理	50.0%	6.4%	22.5%	21.1%
居民服务、修理和其他服务	62.9%	8.2%	12.3%	16.7%
教育	67.1%	3.0%	18.5%	11.4%
卫生和社会工作	61.1%	7.7%	15.2%	16.0%
文化、体育和娱乐	57.1%	6.1%	19.3%	17.5%
公共管理、社会保障和社会组织	71.0%	3.5%	16.1%	9.4%

1.3.3　Miyazawa 模型

Miyazawa（1976）基于投入产出局部闭模型建立了不同收入群体之间的收入分配模型，并推导出了一系列收入分配乘数。假设有 n 个投入产出部门，q 个收入群体，使用 $\boldsymbol{V}_{q\times n}=(v_{gi})_{q\times n}$ 表示 q 个收入群体的部门收入系数矩阵，其中，元素 v_{gj} 表示生产单位 j 部门产品所产生的群体 g 的收入；使用 $\boldsymbol{C}_{n\times q}=(c_{ig})_{n\times q}$ 表示 q 个收入群体的消费系数矩阵，其中，元素 c_{ig} 表示群体 g 单位收入用于部门 i 产品的消费量；使用 $\boldsymbol{y}_{q\times1}=(y_g)_{q\times1}$ 表示 q 个群体的收入向量。则 1.2.4 节介绍的投入产出局部闭模型可扩展为

$$\begin{bmatrix} \boldsymbol{x} \\ \boldsymbol{y} \end{bmatrix} = \begin{bmatrix} \boldsymbol{A} & \boldsymbol{C} \\ \boldsymbol{V} & 0 \end{bmatrix}\begin{bmatrix} \boldsymbol{x} \\ \boldsymbol{y} \end{bmatrix} + \begin{bmatrix} \tilde{\boldsymbol{f}} \\ \boldsymbol{f}^* \end{bmatrix}$$

求解以上模型可得

$$\boldsymbol{x}^* = (\boldsymbol{I}-\boldsymbol{A}^*)^{-1}\overline{\boldsymbol{f}} = \boldsymbol{L}^*\overline{\boldsymbol{f}} \tag{1.10}$$

其中，$\boldsymbol{A}^*=\begin{bmatrix} \boldsymbol{A} & \boldsymbol{C} \\ \boldsymbol{V} & 0 \end{bmatrix}$，$\boldsymbol{x}^*=\begin{bmatrix} \boldsymbol{x} \\ \boldsymbol{y} \end{bmatrix}$，$\overline{\boldsymbol{f}}=\begin{bmatrix} \tilde{\boldsymbol{f}} \\ \boldsymbol{f}^* \end{bmatrix}$，$\boldsymbol{L}^*=(\boldsymbol{I}-\boldsymbol{A}^*)^{-1}$ 为扩展的列昂惕夫逆矩阵。式（1.10）的分块矩阵表达式（求解过程详见附录 1）为

$$\begin{bmatrix} \boldsymbol{x} \\ \boldsymbol{y} \end{bmatrix} = \begin{bmatrix} \boldsymbol{L}_{11}^* & \boldsymbol{L}_{12}^* \\ \boldsymbol{L}_{21}^* & \boldsymbol{L}_{22}^* \end{bmatrix}\begin{bmatrix} \tilde{\boldsymbol{f}} \\ \boldsymbol{f}^* \end{bmatrix} = \begin{bmatrix} \boldsymbol{L}[\boldsymbol{I}+\boldsymbol{C}(\boldsymbol{I}-\boldsymbol{VLC})^{-1}\boldsymbol{VL}] & \boldsymbol{LC}(\boldsymbol{I}-\boldsymbol{VLC})^{-1} \\ (\boldsymbol{I}-\boldsymbol{VLC})^{-1}\boldsymbol{VL} & (\boldsymbol{I}-\boldsymbol{VLC})^{-1} \end{bmatrix}\begin{bmatrix} \tilde{\boldsymbol{f}} \\ \boldsymbol{f}^* \end{bmatrix}$$

其中，$\boldsymbol{L}=(\boldsymbol{I}-\boldsymbol{A})^{-1}$。

基于以上投入产出局部闭模型，Miyazawa 推导出了以下重要的收入分配乘数。

1. 互相关收入乘数矩阵

$\boldsymbol{K}_{q\times q}=\boldsymbol{L}_{22}^*=(\boldsymbol{I}-\boldsymbol{VLC})^{-1}$ 测度了各群体之间收入的完全关联关系，其中的元素 k_{rs} 表示群体 s 收入增加 1 个单位所直接和间接带动的群体 r 收入的增加量。Miyazawa 将其称为互相关收入乘数矩阵（interelational income multiplier matrix），其用于衡量各群体之间收入增长的相互带动作用。例如，如果将住户分为城市居民和农村居民，我们可以利用互相关收入乘数矩阵测算城市居民收入增长对农村居民收入增长的带动作用，以及农村居民收入增长对城市居民收入增长的带动作用（李晖等，2011）。如果能够很好地将劳动力收入和资本收入与最终需求匹配，计算不同要素收入之间的互相关收入乘数矩阵也用于分析不同要素收入之间的关联关系。

2. 多部门收入乘数矩阵

$M_{q\times n} = L_{21}^{*} = (I-VLC)^{-1}VL$ 测度了最终需求对群体收入的完全影响，其中的元素 m_{rj} 表示单位 j 部门外生最终需求所直接和间接诱发的群体 r 的收入。Miyazawa 将其称为多部门收入乘数，其用于衡量最终需求增长及结构变化对群体间收入分配的完全影响。

李晖等（2011）利用 2007 年中国投入产出表构建了区分城乡居民收入的Miyazawa 模型，并计算得到了中国城市居民和农村居民之间的互相关收入乘数矩阵（表 1.7）及多部门收入乘数矩阵（multi-sector income multiplier matrix）（表 1.8）。从表 1.7 可以看出，农村居民收入每提高 1 个单位将直接和间接带动城市居民收入增加 0.249 个单位，而城市居民收入每增加 1 个单位将直接和间接带动农村居民收入增加 0.197 个单位。2007 年，农村居民收入对城市居民收入的带动作用要高于城市居民收入对农村居民收入的带动作用。从表 1.8 的多部门收入乘数来看，2007 年，农业相关部门最终需求的增长对农村居民收入的带动作用明显高于对城市居民收入的带动作用。例如，农业部门最终需求增加 1 个单位将完全带动农村居民收入增加 0.763 个单位，而对城市居民收入的完全带动作用为 0.295 个单位。相反，其他非农业相关部门最终需求增长对城市居民收入增长的带动作用要明显高于对农村居民收入的带动作用。例如，信息传输、计算机服务和软件业最终需求每增加 1 个单位将带动城市居民收入增加 0.412 个单位，而对农村居民收入的带动作用仅为 0.119 个单位。

表 1.7　2007 年中国城市-农村互相关收入乘数

居民部门	农村居民	城市居民
农村居民	1.176	0.197
城市居民	0.249	1.137

表 1.8　2007 年中国多部门收入乘数

部门	农村居民收入	城市居民收入
农业	0.763	0.295
林业	0.487	0.213
畜牧业	0.457	0.250
渔业	0.242	0.184
农林牧渔服务业	0.536	0.296
采矿业	0.186	0.494

续表

部门	农村居民收入	城市居民收入
制造业	0.244	0.420
电力、燃气及水的生产和供应业	0.150	0.444
建筑业	0.235	0.486
交通运输、仓储和邮政业	0.201	0.427
信息传输、计算机服务和软件业	0.119	0.412
批发零售业	0.183	0.382
住宿和餐饮业	0.241	0.378
金融业	0.122	0.568
房地产业	0.065	0.276
租赁和商务服务业	0.183	0.487
科学研究和技术服务业	0.181	0.654
水利、环境和公共设施管理业	0.193	0.597
居民服务和其他服务业	0.223	0.413
教育	0.194	0.814
卫生、社会保障和社会福利业	0.210	0.619
文化、体育和娱乐业	0.203	0.535
公共管理和社会组织	0.206	0.840

　　本书主要聚焦投入产出模型在要素收入分配中的应用。第 2 章从功能性收入分配和规模性收入分配两个角度介绍我国收入分配状况，并对二者之间的关系进行实证分析。第 3 章对收入分配研究中常用的投入产出局部闭模型的结构分解方法进行介绍，并对中国劳动者报酬增长的驱动因素进行分解分析。第 4 章对中国功能性与规模性收入分配的变化及主要影响因素进行分析。

参 考 文 献

陈全润，杨翠红. 2011. 扩大居民消费对中国 GDP 的影响分析. 系统科学与数学，31（2）：206-215.

陈锡康. 1992. 中国城乡经济投入占用产出分析. 北京：科学出版社.

陈锡康. 2009. 投入占用产出技术在理论与应用方面的若干重要进展//彭志龙，刘起运，佟仁城. 中国投入产出理论与实践 2007. 北京：中国统计出版社：3-19.

陈锡康，杨翠红，等. 2011. 投入产出技术. 北京：科学出版社.

李晖，陈全润，潘德婧. 2011. 基于投入产出方法的中国城乡居民收入分析. 数学的实践与认识，41（8）：53-58.

佟仁城. 2001. 几种重要的投入产出乘数和居民部门的作用分析. 系统工程理论与实践，（9）：79-84.

Batey P W J, Madden M, Weeks M J. 1987. Household income and expenditure in extended input-output models: a comparative theoretical and empirical analysis. Journal of Regional Science, 27（3）：341-356.

Baumol W J. 2000. Leontief's great leap forward: beyond Quesnay, Marx and von Bortkiewicz. Economic Systems Research, 12 (2): 141-152.

Chen Q R, Dietzenbacher E, Los B, et al. 2016. Modeling the short-run effect of fiscal stimuli on GDP: a new semi-closed input-output model. Economic Modelling, 58: 52-63.

Chen X K. 1990. Input-occupancy-output analysis and its application in China//Chatterji M, Kuenne R E. Dynamics and Conflict in Regional Structural Change. London: Macmillan Press: 267-278.

Chen X K, Guo J E, Yang C H. 2005. Extending the input-output model with assets. Economic Systems Research, 17 (2): 211-225.

Chen X K, Guo J E, Yang C H. 2008. Yearly grain output predictions in China 1980-2004. Economic Systems Research, 20: 139-150.

Cloutier M L, Thomassin P J. 1994. Closing the Canadian input-output model: homogeneous vs. non-homogeneous household sector specifications. Economic Systems Research, 6 (4): 397-414.

Leontief W W. 1936. Quantitative input and output relations in the economic systems of the United States. The Review of Economics and Statistics, 18 (3): 105-125.

Miller R E, Blair P D. 2009. Input-Output Analysis: Foundation and Extension. New York: Cambridge University Press.

Miyazawa K. 1976. Input-Output Analysis and the Structure of Income Distribution. Berlin: Springer-Verlag.

Pyatt G. 2001. Some early multiplier models of the relationship between income distribution and production structure. Economic Systems Research, 13 (2): 139-163.

Steenge A E, Serrano M. 2012. Income distributions in input-output models. Economic Systems Research, 24 (4): 391-412.

第 2 章 中国收入分配状况

2.1 引 言

本章主要利用投入产出表数据和住户微观调查数据从功能性和规模性两个方面，对中国的收入分配状况及其影响因素进行分析。一方面，功能性收入分配（functional distribution of income）关注的是国民收入在劳动、资本等要素间的分配，涉及初次分配；另一方面，规模性收入分配（size distribution of income）关注的是国民收入在不同家庭或个体间的分配，涉及初次分配和再分配。功能性收入分配与规模性收入分配有着重要联系，功能性收入分配结构变动必然影响规模性收入分配格局。无论是企业、政府、劳动者间的收入分配，还是不同人际收入分配，都关乎整个社会的公平与和谐。

从功能性收入分配格局看，随着经济的快速发展，中国居民的劳动者报酬在数量上大幅增长，但资本报酬增长幅度更大，这导致自 20 世纪 90 年代中期以来，居民的劳动者报酬在 GDP 中的份额持续下降。虽然近些年我国劳动者报酬份额缓慢上升，但是与其他国家相比仍然偏低。从规模性收入分配格局看，中国城乡间、不同家庭间、不同个体间的收入差距依然很大。2016 年中国居民收入基尼系数为 0.465，虽然近些年有所下降，但仍超过联合国警戒线 0.400。总体来看，中国的收入分配格局依然存在劳动者报酬份额偏低、收入差距大、结构不合理等问题，所以改善中国目前的收入分配状况，需要兼顾功能性和规模性两个方面。

当前中国经济进入新常态，为了更好地适应经济结构、人口结构、产业结构的变动，缓解社会矛盾，不断改善人民的生活质量，收入分配格局也应向着更加公平合理的方向调整。在新常态下，为了使消费持续作为经济增长的主要动力，就需要不断优化收入分配结构，增加居民的劳动收入。目前来看，提高劳动者报酬份额可以改善功能性收入分配格局，能够为经济结构转型提供动力。增加居民劳动收入，建立"中间大，两头小"橄榄形的规模性收入分配格局，能够为社会稳定提供保障。

2.2 功能性收入分配状况分析

2.2.1 整体层面

分析要素收入分配（功能性）格局，主要需要测算劳动者报酬在 GDP 中的份额。相关数据有三个来源：资金流量表、各省按收入法计算的 GDP、投入产出表。由于投入产出表测算结果更可靠（章上峰和许冰，2010），而且提供了产业部门层面的结构数据，所以选取投入产出表作为要素收入分配分析的数据来源。考虑到我们主要关注各要素收入在增加值中比重的变化，价格因素对份额数据影响不大，所以采用现价投入产出表。另外，3 个年份（2002 年、2007 年、2012 年）投入产出表中部门的划分不完全相同，2002 年有 122 个部门，2007 年有 135 个部门，2012 年有 139 个部门，为了具有可比性，通过对 3 个年份部门的对应与调整，最终统一确定为包含 109 个部门的分类方式。

通过测算，调整核算口径之前，2002～2007 年中国劳动者报酬份额下降了7.0 个百分点，营业盈余份额上升了 8.2 个百分点（表 2.1）。考虑到 2004 年后劳动者报酬核算口径发生了变化，我们不能忽略由核算口径变化导致的偏差（Bai and Qian，2010；吕光明和李莹，2015）。一方面，2002 年个体经营户的经营纯收入都计入劳动者报酬，但是 2004 年后除了雇员报酬以外，业主的劳动者报酬和利润都计入了营业盈余；另一方面，农林牧渔业及其服务业，2004 年后不再计算营业盈余。所以本书将 2002 年数据按照 2004 年的核算口径进行了调整。具体做法如下：首先，根据经济普查数据，计算出 2002 年个体户非农经营净收入总额，包括农村居民非农家庭和城市居民家庭净收入总额。其次，计算个体经营户的分行业利润份额，其中工业各部门再根据规模以下企业分行业的利润计算利润份额，然后根据利润份额的比例计算出各个产业部门的个体户非农经营净收入。最后，从2002 年除农林牧渔业及其服务业以外的其他产业部门的劳动者报酬中，将个体户非农经营净收入剔除，计入营业盈余；对于农林牧渔业及其服务业，将 2002 年营业盈余计入劳动者报酬，相应的营业盈余均记为 0。

表 2.1　2002～2007 年调整核算口径前后各要素收入占 GDP 份额的变化

GDP 构成	调整前变化/百分点	调整后变化/百分点	核算口径变化导致份额的变化/百分点
劳动者报酬	−7.0	−5.0	2.0
生产税净额	0.2	0.2	0
固定资产折旧	−1.4	−1.4	0
营业盈余	8.2	6.2	−2.0

经过调整后，我们发现 2002～2007 年中国整体劳动者报酬份额实际下降了5.0 个百分点，营业盈余份额实际上升了 6.2 个百分点（表 2.1）。与原始数据计算结果相比，相差的 2.0 个百分点是由核算口径变化导致的。因此下面均以调整核算口径后的数据来分析功能性收入分配情况。

总体来看，2002～2012 年中国要素收入分配（功能性）结构中，变动幅度最大的是劳动者报酬份额和营业盈余份额，而且两者呈反向变动。从表 2.2 可以看出，与 2002 年相比，2007 年的生产税净额份额和营业盈余份额有所上升，尤其是营业盈余份额上升幅度最大，而劳动者报酬份额却出现了 5.0 个百分点的大幅下降。这说明 2002～2007 年这段时期存在利润侵蚀工资的问题，这主要与我国过去劳动力过剩、收入分配制度不完善等有关。2007～2012 年变化趋势发生扭转。相比较于 2007 年，2012 年的营业盈余份额下降了 6.4 个百分点，劳动者报酬份额上升了 7.8 个百分点（表 2.2），功能性收入分配状况有所改善，趋于更公平合理。

表 2.2　2002～2012 年各要素收入占 GDP 的份额

GDP 构成	2002 年	2007 年	2012 年	2002～2007 年变化/百分点	2007～2012 年变化/百分点
劳动者报酬份额	46.4%	41.4%	49.2%	−5.0	7.8
生产税净额份额	14.3%	14.5%	13.7%	0.2	−0.8
固定资产折旧份额	15.4%	14.0%	13.4%	−1.4	−0.6
营业盈余份额	23.9%	30.1%	23.7%	6.2	−6.4

2.2.2　产业部门层面

下面基于投入产出表数据对 2002～2012 年中国要素收入分配（功能性）格局的整体变化情况以及产业部门层面的变化情况进行分析。主要分析各产业部门的劳动者报酬、营业盈余在部门增加值中的份额及其变化。

与 2002 年相比，2007 年内部劳动者报酬份额下降的产业部门有 64 个，上升的产业部门有 45 个，其中下降速度较快的有仓储业，管道运输业，房地产业，水泥、石灰和石膏制造业，以及钢、铁及其铸件，等等（表 2.3）。2007～2012 年情况相反，内部劳动者报酬份额上升的产业部门有 89 个，下降的产业部门只有 20 个，其中上升速度较快的有仓储业、餐饮业、居民服务和其他服务业、娱乐业、铁路运输业等。我们发现，虽然 2002～2012 年中国劳动者报酬份额整体变化不大，但是除了仓储业以外，2002～2007 年劳动者报酬份额下降较快的产业部门与2007～2012 年上升较快的产业部门差异性很大，而且 2007～2012 年，内部劳动者报酬份额上升最快的 5 个产业部门都属于第三产业，都具有劳动力需求量大的特点。近些年我国劳动力成本的快速上升，可能是引起这些部门内部劳动者报酬份额大幅上升的一个重要原因。

表 2.3　内部劳动者报酬份额变化率较大的产业部门

2002~2007 年下降较快的前五个部门	增长量	增长率	2007~2012 年上升较快的前五个部门	增长量	增长率
仓储业	−25.8%	−69.0%	仓储业	28.9%	248.9%
管道运输业	−10.8%	−62.0%	餐饮业	46.7%	201.3%
房地产业	−9.3%	−46.0%	居民服务和其他服务业	39.1%	137.9%
水泥、石灰和石膏制造业	−28.1%	−46.0%	娱乐业	21.1%	91.9%
钢、铁及其铸件	−22.1%	−45.2%	铁路运输业	34.3%	89.2%

2007 年以前服务业发展较缓慢，劳动力相对充足，劳动力成本较低，劳动者报酬份额趋于下降。2007~2012 年劳动力密集程度更高的第三产业占比大幅上升，劳动力需求不断增大。同时近些年国家高度重视"三农"问题，农业补贴、税收减免等惠农政策在一定程度上降低了农民工的供给。另外，随着人口老龄化的到来，我国人口红利有所减退，劳动年龄人口增速放缓。以上原因造成了2007~2012 年这段时期，我国劳动力需求在增大，但非农劳动力供给却在减少的局面。所以这一时期大部分产业部门的劳动力成本有所上升，进而使劳动者报酬份额趋于上升。

一般情况下，劳动力和资本要素是可以相互替代的。因此功能性收入分配中的营业盈余（资本报酬）份额，与劳动者报酬份额的变动趋势也正好相反。过去很长一段时间我国经济增长主要靠投资拉动，国家政策也主要向大型资本密集型企业倾斜。2002~2007 年中国营业盈余份额的变化，也延续了长期以来不断上升的趋势。2002~2007 年内部营业盈余份额上升较快的产业部门有环境资源与公共设施管理业、船舶及浮动装置制造业、合成材料制造业、其他电气机械及器材制造业、居民服务和其他服务业等（表 2.4）。然而，2007~2012 年内部营业盈余份额下降较快的产业部门有铁路运输业、邮政业、餐饮业、卫生事业、教育事业等，都属于服务业。

表 2.4　内部营业盈余份额变化率较大的产业部门

2002~2007 年上升较快的前五个部门	增长量	增长率	2007~2012 年下降较快的前五个部门	增长量	增长率
环境资源与公共设施管理业	22.7%	1326.7%	铁路运输业	−55.3%	141.9%
船舶及浮动装置制造业	20.1%	224.9%	邮政业	17.4%	128.7%
合成材料制造业	28.4%	191.8%	餐饮业	−48.7%	−76.6%
其他电气机械及器材制造业	28.3%	174.4%	卫生事业	−15.2%	−72.7%
居民服务和其他服务业	36.7%	156.8%	教育事业	−6.7%	−69.2%

可以发现 2002~2007 年内部营业盈余份额上升较快的前五个产业部门和 2007~2012 年下降较快的前五个产业部门差异性很大。2002~2007 年内部营业盈余份额上升较快的以资本密集型产业部门居多,而 2007~2012 年营业盈余份额下降较快的以劳动密集型产业部门居多。2007~2012 年服务业劳动力成本普遍上升,尤其是餐饮业和铁路运输业,同期劳动者报酬份额增长率居于前列(表 2.3)。另外 2007~2012 年劳动者报酬份额上升较快的前五个产业部门和营业盈余份额下降较快的前五个产业部门都属于服务业,这主要与近些年第三产业快速发展、劳动力供给总量减少使劳动力成本上升有关。企业劳动力成本上升较快的同时,利润就会趋于减少,所以这些服务业部门的营业盈余份额下降幅度自然也很大。

以上从整体层面和产业部门层面,分析了 2002~2012 年要素收入分配格局(功能性收入分配)的特点和变化。那么产业部门层面要素分配结构的变化,是否是引起整体层面劳动者报酬份额变动的主要原因呢,本书将在第 4 章通过因素分解进行进一步探究。

2.3　规模性收入分配状况分析

关于个体或家庭收入分配(规模性收入分配)的分析数据,来自 CHIP。由于各年的个体收入信息有差异,考虑到可比性,规模性收入分配的动态分析选取家庭总收入数据。一方面,基于居民家庭收入数据,分析 2002~2013 年规模性收入分配的动态变化;另一方面,基于 2013 年个体收入数据,分析规模性收入分配的静态差异。

2.3.1　规模性收入分配的动态变化分析

首先,利用 CHIP 微观数据从居民家庭层面对规模性收入分配的格局进行动态分析。因为 CHIP2002 只有按户给出的个人分项收入数据,所以需要按家庭编码,将同一个家庭中每个成员的个人收入相加,得到每个家庭的年收入数据。CHIP2007 按户提供了全年家庭收入数据。CHIP2013 中城市、农村、流动人口的家庭收入数据是合并在一起的,但个人信息是分开的,所以需要先根据个人信息中的家庭编码,与家庭收入数据中的家庭编码进行匹配,得到每个人对应家庭的收入数据,然后筛选出户主信息,即分别得到城市和农村家庭的年收入数据。最后将有缺失的和收入为负值的数据剔除。同时为了使数据具有可比性,将所有城市和农村的家庭年收入数据,分别按照以 2002 年为基期的城市消费价格指数(consumer price index,CPI)、农村 CPI 进行平减,得到实际家庭年收入的有效样本。

2002~2013 年城乡家庭实际年收入的描述统计结果,见表 2.5,可以发现:

第一，各年城乡家庭实际年收入的平均值都明显大于中位数，这说明收入分布是右偏的，而且存在极高收入，所以中位数更能反映集中趋势。2002 年、2007 年、2013 年城乡家庭实际年收入分布在中位数上的差距分别为 12 275.1 元、26 449.4 元、31 179.9 元，由于已剔除价格影响，这说明城乡收入差距在 2002～2013 年进一步扩大。第二，2002～2013 年城乡家庭实际年收入数据的标准差逐年增加，而且各年城市家庭年收入数据的标准差都大于农村，这说明家庭收入分布离散程度都在增加，城市家庭收入的差异性比农村大。

表 2.5　2002～2013 年城乡家庭实际年收入的统计描述

统计量	2002 年城市	2002 年农村	2007 年城市	2007 年农村	2013 年城市	2013 年农村
有效样本数/个	6 835	9 195	5 000	7 975	6 244	9 915
最小值/元	1 720.0	0	0	0	334.3	0
最大值/元	179 567.3	139 458.0	1 223 016.0	441 251.8	1 455 429.0	402 620.3
平均值/元	24 401.1	10 702.7	51 433.9	16 784.2	62 829.4	25 882.1
中位数/元	20 923.1	8 648.0	40 184.2	13 734.8	51 809.7	20 629.8
标准差/元	15 368.1	8 586.9	44 434.1	13 663.0	50 250.9	22 166.6

下面进一步通过绘制核密度图，来分析家庭规模性收入分配的动态演变。因为存在极端大的值，看不出中低段收入分布的情况，所以，图 2.1 是剔除了尾部 1%极高收入群体的数据后，得到的收入分布核密度图。可以发现：第一，即使剔除

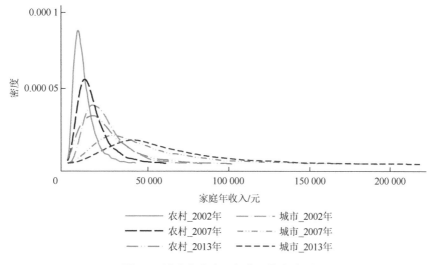

图 2.1　城乡家庭实际年收入核密度图

了尾部 1%极高收入的数据，城乡家庭收入核密度曲线右偏的程度依然很大，而且曲线拖尾现象越来越明显，这说明城乡低收入群体占比依然偏大，极高收入越来越高。第二，2002～2013 年城市和农村的家庭实际收入核密度曲线，都在不断右移，而且城市右移的幅度更大，这说明城乡实际收入水平都在提高，但是城市实际收入增长幅度比农村大。第三，相比于农村，城市居民的各年家庭实际收入分布都更分散，收入水平差异性更大。第四，2002～2013 年城乡家庭实际收入核密度曲线都有所变缓，这说明收入分布的离散程度都有所变大，规模性收入分配格局有待优化。因此调节城市过高收入、减少城乡低收入群体占比、提高农村家庭收入水平、控制高收入段群体收入的增长、减小家庭间收入差距，将有利于优化规模性收入分配格局。

2.3.2 规模性收入分配的静态差异分析

下面从多角度分析个体规模性收入分配的静态差异。CHIP2013 提供了个人主要工作的工资性收入或经营净收入等的总额，在分析中用个人年收入表示。为保证分析的合理性，剔除其中有缺失值、负值以及法定工作年龄 16 岁以下的样本数据。

首先从社会因素角度，分析个体规模性收入分配的城乡差异和地区差异。从城乡差异角度，将城市和农村居民的个人年收入数据，分别按从小到大排序，绘制城市和农村在不同分位点上的个人年收入分布图，如图 2.2 所示，可以发现：

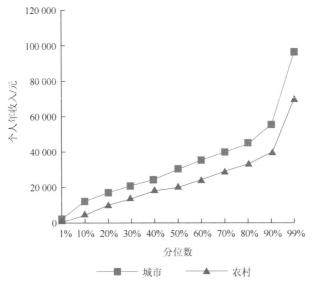

图 2.2 不同分位数上城乡个人年收入分布图

第一，各分位点上，城市个人年收入的数值都位于农村个人年收入数值的上方，这说明在各个分位点上，城市的个人年收入都比农村个人年收入高，城乡收入差距在每个收入群体中都有体现。第二，随着分位数的增加，纵坐标的差值趋于扩大，这说明收入水平越高，城乡个人年收入的绝对差距越大。所以个体规模性收入分配的城乡差距，应关注到各个收入群体。

从地区差异角度，根据 CHIP2013 提供的个人所属省份信息，提取省份编码的前两位，再根据两位省份编码对应的省份，按照国家统计局对东部、中部、西部地区的划分进行分析。将收入数据排序后，分别绘制东部、中部、西部地区在不同分位点上的个人年收入分布图，如图 2.3 所示，可以发现：第一，在各分位数上，东部地区个人年收入的绝对数值都明显大于中部、西部地区，中部、西部地区曲线接近重合，这说明规模性收入分配的地区差距主要体现在东部与中部、西部差距较大。第二，三条曲线都呈现出先缓慢上升，然后越来越陡峭的特点，而且东部地区曲线最为明显，这说明随着分位数的增加，每个地区个人年收入的绝对差距都越来越大，尤其是 90%分位数以上最明显。

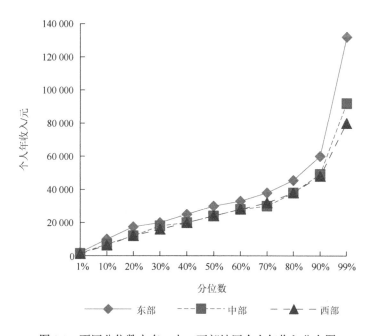

图2.3　不同分位数上东、中、西部地区个人年收入分布图

个体规模性收入分配的差异，不仅体现在城乡、地区等社会因素方面，还体现在一些个体因素上。这里主要分析个体层面规模性收入分配的性别差异和学历差异。首先，将个人年收入按性别划分，为了减少异常值的干扰，

便于对收入分布进行分析，分别剔除男性和女性收入分布尾部 1%群体的高收入数据，得到男性和女性的个人年收入核密度图（图 2.4），可以发现：第一，在低收入段，女性收入核密度曲线位于上方，而在中高收入段，男性收入核密度曲线位于上方，这说明性别收入差距明显，低收入段的女性占比更大，中等偏高收入段的男性占比更大。第二，男女收入分布结构相似，但男性收入核密度曲线更靠右，这说明男性收入普遍高于女性。因此直观上看，个体收入分配的性别差距是比较明显的，性别可能是影响个体规模性收入分配的一个重要因素。

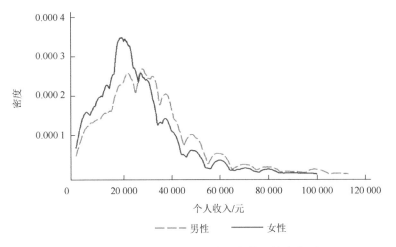

图 2.4　2013 年不同性别的个人年收入核密度图

从学历差异角度分析。CHIP2013 提供了个人的最高学历信息，分为未上过学到研究生学历等九个层次。我们将高中及以下的数据合并，主要分析高中及以下、大专、本科和研究生学历在个体层面的规模性收入分配差异。由于各个学历人群的收入都存在极端大的值，会影响收入分布形态的分析，因此剔除每个学历群体中最高 1%的个体收入数据，得到不同学历的个人年收入核密度图，如图 2.5 所示，可以发现：第一，随着学历的提高，个人年收入核密度曲线不断右移，这说明学历越高，收入普遍越高。第二，从位置移动幅度来分析，相对于本科生收入核密度曲线，研究生收入核密度曲线的移动幅度最大，而本科与大专相比移动幅度较小，这说明本科到研究生的教育投资回报，可能比低学历的教育投资回报高。第三，各学历阶段的个人收入核密度曲线都是明显右偏的，而且每个收入群体都剔除了尾部 1%的数据，随着学历的提高，收入分布的尾部趋于更长更厚，这说明每个学历的人群中都存在极高收入，学历越高，个人收入普遍越高，而且高收入人群占比也越大。

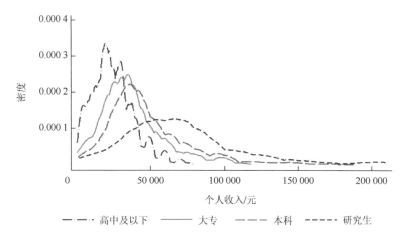

图 2.5　2013 年不同学历的个人年收入核密度图

以上分析是直观地基于城乡、地区的社会因素角度,以及性别、学历的个体因素角度,分析了个体收入分配(规模性)的差异。本书在第 4 章,将通过分位数回归,在这四个因素的基础上加入其他控制变量,对个体收入分配(规模性)的影响因素及其显著性进行详细分析。

2.4　功能性与规模性收入分配的联系分析

2.2 节和 2.3 节分别从功能性、规模性的视角,分析了中国收入分配状况及其变化。相关研究已经证明,这两种收入分配在理论和实证上都有着密切联系,而且功能性是规模性收入分配重要的决定性因素(Daudey and García-Peñalosa,2007)。本节进一步通过相关数据,分析 2002 年以来中国的功能性和规模性收入分配变化在数量和经济意义上的联系。本节主要分析洛伦兹曲线和基尼系数(规模性)的变化,与劳动者报酬份额(功能性)变化之间的联系。

洛伦兹曲线可以测度居民个体或家庭收入分配(规模性)的公平程度。根据对 CHIP 家庭收入处理后的数据,分别绘制了城乡家庭实际年收入的洛伦兹曲线(图 2.6)。观察城市洛伦兹曲线,可以发现 2002~2007 年,洛伦兹曲线弯曲程度明显变大,2007~2013 年弯曲程度有所减小,这说明 2002~2007 年城市居民家庭收入差距明显拉大,2007~2013 年情况有所好转,但相比于 2002 年,2013 年规模性收入分配公平性依然有所下降。相比于城市,农村的洛伦兹曲线变化幅度较小,规模性分配格局变化没有城市明显。

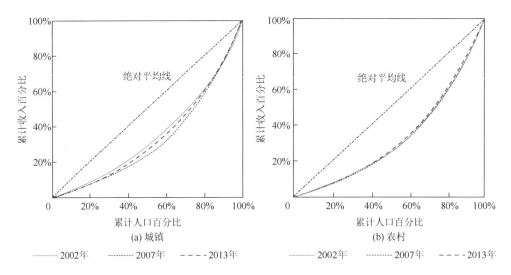

图 2.6　2002～2013 年城乡家庭实际年收入的洛伦兹曲线

　　进一步分析洛伦兹曲线（规模性收入分配）的变化与劳动者报酬份额（功能性收入分配）变化之间的联系。根据 2.2 节的分析，从功能性角度，2002～2007 年国民收入要素分配中，劳动者报酬份额下降幅度较大。从规模性角度，这一时期，城市居民的家庭收入差距也显著拉大，而对农村家庭影响相对较小。表现在洛伦兹曲线上，就是城市家庭收入的洛伦兹曲线在 2002～2007 年明显趋于远离对角线（图 2.6），这说明 2002～2007 年，功能性与规模性收入分配都趋于更加不公平。2007 年后随着劳动力成本的提高，以及第三产业的快速发展，整体劳动者报酬份额逐步上升，功能性收入分配结构有所优化。反映在规模性收入分配上，就是2007～2013 年城乡洛伦兹曲线弯曲程度变小，居民收入分配趋于更公平。

　　我们还发现 2002～2013 年，农村洛伦兹曲线变化幅度并不大。农村家庭收入分配格局（规模性）的变化之所以没有城市那么明显，可以从要素收入分配格局（功能性）的变化中找到根源。农村以农业部门为主，基于投入产出表数据，可以发现第一产业各部门的劳动者报酬占比非常高，都在 90% 以上，而且变化幅度很小，这导致农村家庭的规模性分配格局变化也不明显。和农村相比，城市的产业部门类型更多，情况较复杂，城市各产业部门的要素收入分配结构（功能性）变化也更明显，所以城市家庭收入分配格局（规模性）也会受到更大的影响。

　　相比于洛伦兹曲线，基尼系数能将个体收入分配（规模性）的公平程度数量化，在相关研究中也更常用。所以进一步结合居民收入基尼系数（规模性）和劳动者报酬份额（功能性）的变化趋势，来探究功能性与规模性收入分配的联系。对于二者的变动趋势，各国有所差异。常见的变动趋势可以归结为三种模式：第一种是以劳动者报酬份额大幅减少，基尼系数较稳定（略有上升甚至下降）为特点的"莱茵模式"；第二种是以劳动者报酬份额较稳定，基尼系数较快上升为特点的"盎格鲁-撒克逊模式"；第三种是以两个指标反向变动趋势明显为特点的"中国模式"（周明海和姚先国，2012）。

　　考虑到 2004 年前后中国劳动者报酬核算口径的变化，图 2.7 给出了 2004 年以后劳动者报酬份额和基尼系数的变动趋势图。观察图 2.7 可以发现，2004～2008 年中国劳动者报酬份额持续下降，而基尼系数波动上升，基尼系数在 2008 年达到最大值 0.491。除了 2006～2007、2009～2011 年劳动者报酬份额减少明显，基尼系数略有下降，类似于"莱茵模式"以外，其余各年二者都是反向变化的，尤其是 2011 年以后，我国劳动者报酬份额出现大幅上升的同时，基尼系数也持续下降，这说明功能性与规模性收入分配状况都趋于好转。

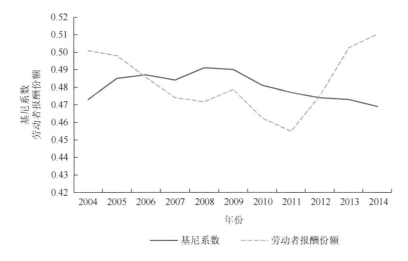

图 2.7　2004～2014 年中国居民收入基尼系数与劳动者报酬份额变化趋势图

资料来源：基尼系数数据来自国家统计局，劳动者报酬数据来自资金流量表

　　总体来说，2004～2014 年中国居民收入基尼系数和整体劳动者报酬份额反向变动的趋势很明显。2008 年之前，总体主要表现为劳动者报酬份额下降、基尼系数上升的恶化局面，中国功能性与规模性收入分配格局都趋于不合理。近些年我国更加重视收入分配的公平性，中央和地方采取了提高最低工资标准、收入分配制度改革等一系列的积极措施。2011 年后中国劳动者报酬份额大幅提高，同时基尼系数也随之逐年下降，收入差距不断减小，功能性与规模性收入分配格局同时趋于改善。这说明功能性与规模性收入分配在数量变化和经济意义上具有重要联系。

2.5　总　　结

本章从功能性与规模性视角，对 2002 年以来中国收入分配的状况及其变化进行了分析，主要结论如下。

第一，从功能性角度看，2002～2007 年中国劳动者报酬份额实际下降了 5.0 个百分点，由核算口径不同引起的 2.0 个百分点的偏差不可忽略。2007～2012 年中国劳动者报酬份额出现回升，营业盈余份额变化趋势相反，而且这两个阶段变化率最大的产业部门也有很大差异。2007～2012 年内部劳动者报酬份额上升最快的产业部门和营业盈余份额下降最快的产业部门都属于服务业。这些变化主要与第三产业快速发展、劳动力供需变化使劳动力成本普遍上升等因素有关。

第二，从规模性角度看，2002～2013 年中国家庭收入分配表现出居民实际收入水平提高、城市高收入群体增多、农村低收入群体占比仍较大、收入分布趋于分散化等特点。个体规模性收入分配格局主要特点为：收入分布的两端城乡收入差距更大；东部收入水平普遍高于中部和西部地区；男性在中等偏高收入段占比明显高于女性；学历越高，收入水平普遍越高，高收入人群占比越大。

第三，从两种分配的联系看，洛伦兹曲线和基尼系数（规模性）的变化与劳动者报酬份额（功能性）的变化具有同步性。一方面，2002～2007 年功能性与规模性收入分配都趋于更加不公平。2007 年后中国国民收入要素分配中，劳动者报酬份额逐步上升（功能性），同时期居民家庭收入分配也趋于更公平，城乡洛伦兹曲线弯曲程度有所变小（规模性）。另一方面，2004～2014 年"中国模式"下的基尼系数（规模性）与劳动者报酬份额（功能性）反向变动趋势明显。

参 考 文 献

吕光明，李莹. 2015. 中国劳动报酬占比变动的统计测算与结构解析. 统计研究，32（8）：46-53.

章上峰，许冰. 2010. 初次分配中劳动报酬比重测算方法研究. 统计研究，27（8）：74-78.

周明海，姚先国. 2012. 功能性和规模性收入分配的内在联系：模式比较与理论构建. 经济学动态，（9）：20-29.

Bai C E，Qian Z J. 2010. The factor income distribution in China: 1978-2007. China Economic Review，21（4）：650-670.

Daudey E，García-Peñalosa C. 2007. The personal and the factor distributions of income in a cross-section of countries.
　　The Journal of Development Studies，43（5）：812-829.

第3章　总产出与劳动者报酬增长分解：局部闭模型和开模型的区别

3.1　引　　言

投入产出分析被广泛用于全球、国家、地区甚至市区的社会经济分析，如产业关联、政策模拟与影响分析、收入分配等。在传统的投入产出模型中，所有最终需求类别（居民消费、政府消费、投资和出口）都被视为外生变量。因此，传统的投入产出模型也被称为开模型，它只描述了行业之间的联系。然而，在诸如政策影响、收入分配（如宫泽模型）（Miyazawa，1976）等问题的研究中，产业部门和居民部门之间的联系尤为重要。为此，通过居民收入和消费内生化的方式将居民部门引入投入产出模型中，产生了投入产出局部闭模型，也称为半闭投入产出模型（Batey et al.，1987；Batey and Rose，1990）。

投入产出局部闭模型已被广泛用于政策分析和影响分析中。Yang 等（2008）、Chen 等（2016）评估了大型项目对中国社会经济的影响，居民部门的收入-消费反馈效应是其中重点考虑的影响渠道。Dietzenbacher 和 Günlük-Şenesen（2003a）评估了两个不同政策战略时期土耳其生产结构和劳动收入的变化。运用投入产出局部闭模型，他们获得了开模型无法得到的发现，即公共服务部门对产出乘数有主导作用。Batey 等（1993）及 Trigg 和 Madden（1994）发现投入产出局部闭模型在区域范围内的应用更为普遍。一个重要原因是，区域经济比国家经济更加开放，这降低了产业间联系相对于产业家庭间联系的重要性。例如，对于希腊的埃夫罗斯地区，Hewings 和 Romanos（2010）发现 50%的重要系数与居民部门有关；在一项对英国经济的区域投入产出分析中，McGregor 等（1999）发现，通过收入-消费关系的移民效应比贸易的溢出和反馈效应更重要。最近，Hermannsson 等（2013，2014a，2014b）使用投入产出局部闭模型研究了高等教育机构对苏格兰经济的影响。

自 20 世纪 90 年代以来，投入产出模型的另一个重要发展是 SDA。本质上，它考察了目标变量随时间的变化分解成不同组成因素变化所产生影响的过程。通过这种方式，可以获得每个因素对目标变量增长的贡献（Rose and Casler，1996；Miller and Blair，2009）。SDA 方法被广泛用于分解经济现象和环境问题变化的原因，最近有关 SDA 的研究有以下几项：Oosterhaven 和 Broersma（2007）研究了劳动生产率的变化；Pei 等（2011）研究了中国进口增长的原因；Cazcarro

等（2013）研究了西班牙用水量的变化；Arto 和 Dietzenbacher（2014）研究了全球温室气体排放。本书后续章节将利用 SDA 方法分析引起中国劳动者报酬份额变化的原因。

然而，之前所有的 SDA 应用都只针对投入产出开模型，Schumann（1994）甚至认为在投入产出局部闭模型中分解得到各影响因素独立的结构变化是不可能的。本章的研究扩展了 Dietzenbacher 和 Günlük-Şenesen（2003b）的早期工作，并发现在投入产出局部闭模型中进行 SDA 完全可行。

实证研究已充分表明在经济系统建模中考虑产业部门和居民部门的联系十分重要。然而，这也随即产生一个问题，同时应用 SDA 的局部闭模型和开模型的结果之间会有什么不同？在投入产出开模型中，国内投入系数的变化只会通过产业间的联系导致总产出产生变化。然而，在投入产出局部闭模型中，总产出的这些变化进一步导致劳动者报酬的变化，从而导致居民消费的变化，进一步引起总产出变化。因此，对于仅由单个国内投入系数变化引起的总产出变化，局部闭模型得到的结果总比开模型的结果大，二者差异的大小只能通过实证研究来评估。此外，在大多数情况下，很多影响因素是作为独立的整体对因变量产生影响的。例如，国内投入系数矩阵中一些系数增大的同时，另外一些系数会减小，因此矩阵中元素两种相反的变化对总产出的影响可能会相互抵消，最后导致总产出不变。总之，人们认为开模型和局部闭模型的分解结果是不同的，但差异的具体程度目前尚不清楚。

本章提出的分解框架同样适用于投入产出模型的另一种扩展——SAM（Pyatt，1988）。基于 SAM 的模型比投入产出局部闭模型应用更广泛，因为它不仅扩展到企业、居民、政府和国外等机构部门之间的联系，而且像投入产出模型一样涵盖了生产和收入，以及收入的分配和再分配。从理论上讲，投入产出局部闭模型可以看作简化的 SAM 模型（Pyatt，2001）。因此，本章中提出的分解方法也可以应用于基于 SAM 的模型，Llop（2007）在该方面的部分研究工作已经取得进展[①]。需要指出的是，我们选择投入产出局部闭模型而非 SAM 模型来进行 SDA 的主要原因是缺乏数据，而并非因为投入产出局部闭模型优于 SAM 模型。与 SAM 相比，投入产出表数据更容易获得；相反，SAM 模型在数据丰富性方面优于局部闭模型。

本章其余部分组织如下：3.2 节对投入产出开模型和局部闭模型进行了介绍；3.3 节给出了这两种模型的结构分解方法；3.4 节将本章提出的局部闭模型的 SDA 方法应用于中国投入产出表；3.5 节进一步将应用推广到另外 35 个国家的投入产出表中；3.6 节对局部闭模型 SDA 中的基本假设进行了检验；3.7 节为总结。

---

① 可计算一般均衡（computable general equilibrium，CGE）模型可视为 SAM 模型的进一步扩展。由于 CGE 模型无法得出解析式，基于 CGE 模型的结构分解分析需要通过复杂的数值模拟来实现，Jensen-Butler 和 Madsen（2005）给出了一个较为少见的例子。

3.2　开模型和局部闭模型

传统投入产出开模型通常表示如式（3.1）所示（Miller and Blair，2009）。

$$x = (I - A)^{-1} f = L(c + g) \qquad (3.1)$$

其中，x 表示总产出向量；A 表示国内投入系数矩阵；f 表示国内产品最终需求向量，由居民消费向量 c 和其他最终需求向量 g（包括政府消费、投资和出口）组成；$L = (I - A)^{-1}$ 表示列昂剔夫逆矩阵。在式（3.1）中，所有属于最终需求的变量都被视为外生变量。

产业部门 i 的生产需要投入劳动力，使用劳动者报酬 w_i 对劳动力投入进行量化，它包括雇员的劳动者报酬和个体经营者的收入。使用 $b_i = w_i / x_i$ 表示部门 i 的劳动者报酬系数，它表示产业 i 单位产值所含有的劳动者报酬，则

$$w = \hat{b} x \qquad (3.2)$$

其中，w 表示劳动者报酬向量；$\hat{b}$ 表示劳动者报酬系数生成的对角矩阵。

在开模型中，居民消费会直接影响生产和劳动者报酬，但忽略了居民部门通过收入-消费产生的反馈效应。现实中，各产业部门在生产过程中所产生的劳动者报酬作为劳动收入流向居民部门，居民部门会使用获得的收入购买各产业部门生产的产品，产业部门和居民部门通过这种收入-消费关系有机联系在一起。投入产出局部闭模型充分考虑了这一点，将居民消费和劳动者报酬内生化引入模型得到模型（3.3）。

$$\begin{bmatrix} x \\ w \end{bmatrix} = \begin{bmatrix} A & r\bar{c} \\ b' & 0 \end{bmatrix} \begin{bmatrix} x \\ w \end{bmatrix} + \begin{bmatrix} g \\ 0 \end{bmatrix} \qquad (3.3)$$

其中，$w = b'x = \sum_i w_i$ 表示劳动者报酬总量；r 表示居民部门对国内产品的总消费与劳动者报酬总量之比（即 $r = \sum_i c_i \Big/ \sum_i w_i$）；$\bar{c}$ 表示消费结构向量（即 $\bar{c}_i = c_i \Big/ \sum_i c_i$）。需要注意的是，$r$ 的变化同时涵盖了国内产品与进口产品在居民消费中相互替代的影响及储蓄与消费相互替代的影响。此外，由于消费者除劳动者报酬以外可能有其他收入来源（如资本收入）用于消费，所以理论上 r 的取值可以大于 1。

传统的局部闭模型只对劳动者报酬总量 w 进行建模，接下来进一步纳入产业层面的劳动者报酬向量 w。式（3.3）中总产出的表达式可以写成 $x = Ax + r\bar{c}w + g$，其中定义 $x = Ax + r\bar{c}'w + g$，i' 是由 1 组成的行求和向量，代入该式得 $x = Ax + r\bar{c}i'w + g$。另外，分产业部门的劳动者报酬向量在式（3.2）中给出，将式（3.3）重新整理得

$$\begin{bmatrix} x \\ w \end{bmatrix} = \begin{bmatrix} A & r\overline{c}i' \\ \hat{b} & 0 \end{bmatrix} \begin{bmatrix} x \\ w \end{bmatrix} + \begin{bmatrix} g \\ 0 \end{bmatrix} \tag{3.4}$$

解得[①]:

$$\begin{bmatrix} x \\ w \end{bmatrix} = \begin{bmatrix} I - A & -r\overline{c}i' \\ -\hat{b} & I \end{bmatrix}^{-1} \begin{bmatrix} g \\ 0 \end{bmatrix} \tag{3.5}$$

与开模型相比,局部闭模型由于收入–消费关系包含了额外的反馈机制。在开模型中,出口增长将通过产业关联导致总产出的增加和产业劳动者报酬的增加;然而,在局部闭模型中,除以上循环外,居民的额外劳动收入将通过增加居民消费等方式对总产出产生进一步的影响。开模型忽略了这种额外的循环机制。

3.3 开模型和局部闭模型中的结构分解

我们将对各部门总产出和劳动者报酬水平的变化进行 SDA,分解的结果将得到各影响因素(如消费份额的变化)对总产出和劳动者报酬增长的贡献。由于需要比较两个模型的分解结果,所以我们将模型进行了变换,以使两个模型包含尽可能多的共有因素。

3.3.1 模型重构

对于开模型,式(3.1)可改写为

$$x = \lambda L\overline{f} = \lambda (I - A)^{-1} [\alpha\overline{c} + (1-\alpha)\overline{g}] \tag{3.6}$$

其中,$\lambda = \sum_i f_i$,表示国内产品的最终总需求;$\overline{f} = f/\lambda$,表示各产业最终需求结构向量;α 表示居民总消费在最终总需求中的份额(即 $\sum_i c_i \Big/ \lambda$);$(1-\alpha)$ 表示其他最终需求在最终总需求中的份额(即 $\sum_i g_i \Big/ \lambda$);$\overline{c}$ 表示居民消费结构向量(由居民对各产业部门产品消费量所占总消费的份额组成);$\overline{g}$ 表示其他最终需求结构向量($\overline{g}_i = g_i \Big/ \sum_i g_i$)。式(3.6)将反映经济结构的因素与反映经济规模的因素区

---

① 式(3.4)在 $\begin{bmatrix} x \\ w \end{bmatrix} \geqslant \begin{bmatrix} A & r\overline{c}i' \\ \hat{b} & 0 \end{bmatrix} \begin{bmatrix} x \\ w \end{bmatrix}$ 的一般条件下可以保证式(3.5)中的逆存在(Takayama,1985)。

分开来。$L(\alpha\overline{c}+(1-\alpha)\overline{g})$ 包括 4 个结构性因素。λ 表示规模，其对各个产业部门的总产出有相同的影响。

根据式（3.2）和式（3.6），产业部门劳动者报酬向量可表示为

$$w = \hat{b}x = \lambda\hat{b}(I-A)^{-1}[\alpha\overline{c}+(1-\alpha)\overline{g}] \tag{3.7}$$

在局部闭模型中，总产出和劳动者报酬由模型同时决定。式（3.5）可改写为

$$\begin{bmatrix} x \\ w \end{bmatrix} = \mu \begin{bmatrix} I-A & -r\overline{c}i' \\ -\hat{b} & I \end{bmatrix}^{-1} \begin{bmatrix} \overline{g} \\ 0 \end{bmatrix} \tag{3.8}$$

其中，$\mu = \sum_i g_i$，表示规模效应；其余部分表示结构效应。

模型重构后，A，$\overline{c}$ 和 $\overline{g}$ 为两个模型的总产出表达式中共有的变量，A，$\overline{c}$，$\overline{g}$ 和 $\hat{b}$ 为劳动者报酬表达式中两个模型共有的变量。λ 和 α 是开模型中特有的变量，μ 和 r 为局部闭模型中特有的变量。

接下来，分别在开模型和局部闭模型中对总产出和劳动者报酬的增长进行结构分解。结构分解可采用加法分解和乘法分解两种方式。乘法结构分解分析（multiplicative structural decomposition analysis，MSDA）可以很好地将规模效应和结构效应分离（Dietzenbacher et al.，2000），因此接下来我们将采用乘法分解方式。

3.3.2　开模型的 MSDA

使用上标 "0" 表示初期，"1" 表示报告期。一个时期内总产出的增长可以表示为[①]

$$\frac{x^1}{x^0} = \frac{\lambda^1 L^1 \left[\alpha^1\overline{c}^1 + (1-\alpha^1)\overline{g}^1\right]}{\lambda^0 L^0 \left[\alpha^0\overline{c}^0 + (1-\alpha^0)\overline{g}^0\right]} = \frac{\lambda^1 L^1 \left[\alpha^1\overline{c}^1 + (1-\alpha^1)\overline{g}^1\right]}{\lambda^0 L^0 \left[\alpha^1\overline{c}^1 + (1-\alpha^1)\overline{g}^1\right]}$$

$$\times \frac{\lambda^0 L^1 \left[\alpha^1\overline{c}^1 + (1-\alpha^1)\overline{g}^1\right]}{\lambda^0 L^0 \left[\alpha^1\overline{c}^1 + (1-\alpha^1)\overline{g}^1\right]} \times \frac{\lambda^0 L^0 \left[\alpha^1\overline{c}^1 + (1-\alpha^1)\overline{g}^1\right]}{\lambda^0 L^0 \left[\alpha^1\overline{c}^0 + (1-\alpha^1)\overline{g}^1\right]}$$

$$\times \frac{\lambda^0 L^0 \left[\alpha^1\overline{c}^0 + (1-\alpha^1)\overline{g}^1\right]}{\lambda^0 L^0 \left[\alpha^1\overline{c}^0 + (1-\alpha^1)\overline{g}^0\right]} \times \frac{\lambda^0 L^0 \left[\alpha^1\overline{c}^0 + (1-\alpha^1)\overline{g}^0\right]}{\lambda^0 L^0 \left[\alpha^0\overline{c}^0 + (1-\alpha^1)\overline{g}^0\right]}$$

$$= \frac{\lambda^1 i}{\lambda^0 i} \tag{3.9a}$$

$$\times \frac{L^1 \left[\alpha^1\overline{c}^1 + (1-\alpha^1)\overline{g}^1\right]}{L^0 \left[\alpha^1\overline{c}^1 + (1-\alpha^1)\overline{g}^1\right]} \tag{3.9b}$$

---

① 对于任意两个矩阵（或向量）U 和 V，U/V 和 UV 分别表示对应元素的除法和乘法，即 u_{ij}/v_{ij} 和 $u_{ij}v_{ij}$。

$$\times \frac{L^0 \left[\alpha^1 \overline{c}^1 + \left(1 - \alpha^1\right) \overline{g}^1 \right]}{L^0 \left[\alpha^1 \overline{c}^0 + \left(1 - \alpha^1\right) \overline{g}^1 \right]} \qquad (3.9c)$$

$$\times \frac{L^0 \left[\alpha^1 \overline{c}^0 + \left(1 - \alpha^1\right) \overline{g}^1 \right]}{L^0 \left[\alpha^1 \overline{c}^0 + \left(1 - \alpha^1\right) \overline{g}^0 \right]} \qquad (3.9d)$$

$$\times \frac{L^0 \left[\alpha^1 \overline{c}^0 + \left(1 - \alpha^1\right) \overline{g}^0 \right]}{L^0 \left[\alpha^0 \overline{c}^0 + \left(1 - \alpha^0\right) \overline{g}^0 \right]} \qquad (3.9e)$$

式（3.9a）给出了规模效应，即如果在其他因素不变的情况下最终总需求像实际情况一样增长，那么每个产业部门总产出的增长将受到相同的影响。类似地，式（3.9b）～式（3.9e）分别给出了 A，$\overline{c}$，$\overline{g}$ 和 α 变化对各产业部门总产出增长的影响[①]。

特别强调，分解结果因变量分解的"顺序"不同而产生差异。在式（3.9）中，各因素按照顺序 $\lambda \to A \to \overline{c} \to \overline{g} \to \alpha$ 进行变化，那么按相反的顺序 $\alpha \to \overline{g} \to \overline{c} \to A \to \lambda$ 进行分解（"镜像"分解），得

$$\frac{x^1}{x^0} = \frac{\lambda^1 L^1 \left[\alpha^1 \overline{c}^1 + \left(1 - \alpha^1\right) \overline{g}^1 \right]}{\lambda^0 L^0 \left[\alpha^0 \overline{c}^0 + \left(1 - \alpha^0\right) \overline{g}^0 \right]} = \frac{\lambda^1 i}{\lambda^0 i} \qquad (3.10a)$$

$$\times \frac{L^1 \left[\alpha^0 \overline{c}^0 + \left(1 - \alpha^0\right) \overline{g}^0 \right]}{L^0 \left[\alpha^0 \overline{c}^0 + \left(1 - \alpha^0\right) \overline{g}^0 \right]} \qquad (3.10b)$$

$$\times \frac{L^1 \left[\alpha^0 \overline{c}^1 + \left(1 - \alpha^0\right) \overline{g}^0 \right]}{L^1 \left[\alpha^0 \overline{c}^0 + \left(1 - \alpha^0\right) \overline{g}^0 \right]} \qquad (3.10c)$$

$$\times \frac{L^1 \left[\alpha^0 \overline{c}^1 + \left(1 - \alpha^0\right) \overline{g}^1 \right]}{L^1 \left[\alpha^0 \overline{c}^1 + \left(1 - \alpha^0\right) \overline{g}^0 \right]} \qquad (3.10d)$$

$$\times \frac{L^1 \left[\alpha^1 \overline{c}^1 + \left(1 - \alpha^1\right) \overline{g}^1 \right]}{L^1 \left[\alpha^0 \overline{c}^1 + \left(1 - \alpha^0\right) \overline{g}^1 \right]} \qquad (3.10e)$$

对于分解公式，如果表达式中含有 n 个变量，则共有 $n!$ 种等价分解（Dietzenbacher and Los，1998）。但任意一对"镜像"分解结果的平均值与所有 $n!$ 种等价分解的平均值非常接近（de Haan，2001）。取式（3.9）和式（3.10）分解的几何平均值，得

λ 变化的影响：$E\lambda = \sqrt{式（3.9a）\times 式（3.10a）} = \lambda^1 / \lambda^0$。

---

① 由于 $L = (I - A)^{-1}$，所以 L 和 A 的影响是一样的。

A 变化的影响：$E A=\sqrt{\text{式}(3.9\text{b}) \times \text{式}(3.10\text{b})}$。

$\overline{\boldsymbol{c}}$ 变化的影响：$E \overline{\boldsymbol{c}}=\sqrt{\text{式}(3.9\text{c}) \times \text{式}(3.10\text{c})}$。

$\overline{\boldsymbol{g}}$ 变化的影响：$E \overline{\boldsymbol{g}}=\sqrt{\text{式}(3.9\text{d}) \times \text{式}(3.10\text{d})}$。

α 变化的影响：$E \alpha=\sqrt{\text{式}(3.9\text{e}) \times \text{式}(3.10\text{e})}$。

劳动者报酬的增长也可以用类似的方式分解，即

$$\frac{\boldsymbol{w}^{1}}{\boldsymbol{w}^{0}}=\frac{\hat{\boldsymbol{b}}^{1} \boldsymbol{x}^{1}}{\hat{\boldsymbol{b}}^{0} \boldsymbol{x}^{0}}=\frac{\lambda^{1} \hat{\boldsymbol{b}}^{1} \boldsymbol{L}^{1}\left[\alpha^{1} \overline{\boldsymbol{c}}^{1}+\left(1-\alpha^{1}\right) \overline{\boldsymbol{g}}^{1}\right]}{\lambda^{0} \hat{\boldsymbol{b}}^{0} \boldsymbol{L}^{0}\left[\alpha^{0} \overline{\boldsymbol{c}}^{0}+\left(1-\alpha^{0}\right) \overline{\boldsymbol{g}}^{0}\right]}$$

该分解除了包含决定总产出增长的因素以外，还可分解得到劳动者报酬系数向量 $\boldsymbol{b}$ 变化的影响（即 $E \boldsymbol{b}$）。附录 2 给出了详细的推导过程。

3.3.3　局部闭模型的 MSDA

在局部闭模型中，可以同时对总产出的增长和劳动者报酬的增长进行分解。按照分解顺序 $\mu \rightarrow A \rightarrow \overline{\boldsymbol{c}} \rightarrow \overline{\boldsymbol{g}} \rightarrow \boldsymbol{b} \rightarrow r$ 可得

$$\frac{\left[\begin{array}{c}\boldsymbol{x}^{1} \\ \boldsymbol{w}^{1}\end{array}\right]}{\left[\begin{array}{c}\boldsymbol{x}^{0} \\ \boldsymbol{w}^{0}\end{array}\right]}=\frac{\mu^{1}\left[\begin{array}{cc}\boldsymbol{I}-\boldsymbol{A}^{1} & -r^{1} \overline{\boldsymbol{c}}^{1} \boldsymbol{i}' \\ -\hat{\boldsymbol{b}}^{1} & \boldsymbol{I}\end{array}\right]^{-1}\left[\begin{array}{c}\overline{\boldsymbol{g}}^{1} \\ \mathbf{0}\end{array}\right]}{\mu^{0}\left[\begin{array}{cc}\boldsymbol{I}-\boldsymbol{A}^{0} & -r^{0} \overline{\boldsymbol{c}}^{0} \boldsymbol{i}' \\ -\hat{\boldsymbol{b}}^{0} & \boldsymbol{I}\end{array}\right]^{-1}\left[\begin{array}{c}\overline{\boldsymbol{g}}^{0} \\ \mathbf{0}\end{array}\right]}=\frac{\mu^{1} \boldsymbol{i}}{\mu^{0} \boldsymbol{i}} \tag{3.11a}$$

$$\times \frac{\mu^{0}\left[\begin{array}{cc}\boldsymbol{I}-\boldsymbol{A}^{1} & -r^{1} \overline{\boldsymbol{c}}^{1} \boldsymbol{i}' \\ -\hat{\boldsymbol{b}}^{1} & \boldsymbol{I}\end{array}\right]^{-1}\left[\begin{array}{c}\overline{\boldsymbol{g}}^{1} \\ \mathbf{0}\end{array}\right]}{\mu^{0}\left[\begin{array}{cc}\boldsymbol{I}-\boldsymbol{A}^{0} & -r^{1} \overline{\boldsymbol{c}}^{1} \boldsymbol{i}' \\ -\hat{\boldsymbol{b}}^{1} & \boldsymbol{I}\end{array}\right]^{-1}\left[\begin{array}{c}\overline{\boldsymbol{g}}^{1} \\ \mathbf{0}\end{array}\right]} \tag{3.11b}$$

$$\times \frac{\mu^{0}\left[\begin{array}{cc}\boldsymbol{I}-\boldsymbol{A}^{0} & -r^{1} \overline{\boldsymbol{c}}^{1} \boldsymbol{i}' \\ -\hat{\boldsymbol{b}}^{1} & \boldsymbol{I}\end{array}\right]^{-1}\left[\begin{array}{c}\overline{\boldsymbol{g}}^{1} \\ \mathbf{0}\end{array}\right]}{\mu^{0}\left[\begin{array}{cc}\boldsymbol{I}-\boldsymbol{A}^{0} & -r^{1} \overline{\boldsymbol{c}}^{0} \boldsymbol{i}' \\ -\hat{\boldsymbol{b}}^{1} & \boldsymbol{I}\end{array}\right]^{-1}\left[\begin{array}{c}\overline{\boldsymbol{g}}^{1} \\ \mathbf{0}\end{array}\right]} \tag{3.11c}$$

$$\times \frac{\mu^{0}\left[\begin{array}{cc}\boldsymbol{I}-\boldsymbol{A}^{0} & -r^{1} \overline{\boldsymbol{c}}^{0} \boldsymbol{i}' \\ -\hat{\boldsymbol{b}}^{1} & \boldsymbol{I}\end{array}\right]^{-1}\left[\begin{array}{c}\overline{\boldsymbol{g}}^{1} \\ \mathbf{0}\end{array}\right]}{\mu^{0}\left[\begin{array}{cc}\boldsymbol{I}-\boldsymbol{A}^{0} & -r^{1} \overline{\boldsymbol{c}}^{0} \boldsymbol{i}' \\ -\hat{\boldsymbol{b}}^{1} & \boldsymbol{I}\end{array}\right]^{-1}\left[\begin{array}{c}\overline{\boldsymbol{g}}^{0} \\ \mathbf{0}\end{array}\right]} \tag{3.11d}$$

$$\times \frac{\mu^0 \begin{bmatrix} I - A^0 & -r^1\overline{c}^0 i' \\ -\hat{b}^1 & I \end{bmatrix}^{-1} \begin{bmatrix} \overline{g}^0 \\ 0 \end{bmatrix}}{\mu^0 \begin{bmatrix} I - A^0 & -r^1\overline{c}^0 i' \\ -\hat{b}^0 & I \end{bmatrix}^{-1} \begin{bmatrix} \overline{g}^0 \\ 0 \end{bmatrix}} \quad\quad (3.11e)$$

$$\times \frac{\mu^0 \begin{bmatrix} I - A^0 & -r^1\overline{c}^0 i' \\ -\hat{b}^0 & I \end{bmatrix}^{-1} \begin{bmatrix} \overline{g}^0 \\ 0 \end{bmatrix}}{\mu^0 \begin{bmatrix} I - A^0 & -r^0\overline{c}^0 i' \\ -\hat{b}^0 & I \end{bmatrix}^{-1} \begin{bmatrix} \overline{g}^0 \\ 0 \end{bmatrix}} \quad\quad (3.11f)$$

附录 2 详细给出了以上分解所对应的"镜像"分解结果及二者的几何平均值。

局部闭模型的结构分解可能存在因素相互依赖的问题（Dietzenbacher and Los，2000）。国内投入系数的变化会伴随着增加值系数和进口系数的变化，且两种变化大小相等、符号相反，因为系数的列和（国内投入系数+进口系数+增加值系数）等于 1。SDA 是在控制其他因素保持不变的情况下，通过量化一个决定因素在实际中的变化来探究产生的影响。如果两组系数不能单独变化，这显然不符合 SDA 的主要思想。由于 b 中的劳动者报酬系数是增加值系数的一部分，这将产生两个问题：一是 A 中系数的变化是否会引起 b 的相反变化；二是其他增加值系数（除劳动者报酬系数以外的其他增加值系数）和进口系数的变化是否吸纳了 A 的变化。对于后一种情况，A 与 b 并没有关联，从而不存在因素相互依赖的问题。对于前一种情况，可以采用 Dietzenbacher 和 Los（2000）提出的分解方法，我们将在 3.6 节对此进行实证分析。

3.4　投入产出表的应用

3.4.1　数据概述

本章使用国家统计局发布的 1997 年和 2007 年基准年份的投入产出表，利用 MSDA 方法考察了 1997～2007 年中国各产业部门总产出水平和劳动者报酬水平的增长源泉。以上投入产出表均包括 42 个部门（详细的部门分类见附录 3），采用的价格为当期价格。采用当期价格产生的一个后果为分解得到的各因素的影响不仅包括数量变化产生的影响，还包括价格变化产生的影响，而很多情况下研究者努力寻找的是实际影响（即数量变化所产生的影响）。由于官方未公布可比价投入产出表，另外考虑到本章的主要目的是对局部闭模型和开模型的分解结果进行比较，因此我们采用现价投入产出表进行研究。

劳动者报酬包括员工报酬和个体经营收入两部分。国家统计局在 2004 年改变了有关劳动者报酬的统计概念（Bai and Qian，2010），导致 1999 年和 2007 年劳动者报酬所采用的口径不同，主要表现为 2007 年的投入产出表很难对劳动者报酬中的员工报酬和个体经营收入进行区分。例如，一方面，2007 年农林牧渔业（部门 1）的劳动者报酬中还额外包括国有和集体农场的营业盈余；另一方面，对于非农业部门，2007 年个体经营者的收入不再包含在劳动者报酬中，而是与营业盈余混合在一起。为了使 1997 年和 2007 年投入产出表中的劳动者报酬具有可比性，我们对 2007 年的劳动者报酬进行了调整（具体调整方法见附录 4）。

除了对劳动者报酬的调整之外，还需对国产品和进口品进行区分，即采用非竞争型投入产出表。由于国家统计局发布的原始投入产出表为竞争型投入产出表（未区分国产品和进口品），我们采用常用的比例法对国产品和进口品进行了区分。将投入产出表的第 i 行数值乘以国产品在国内总需求中的份额 φ_i，即可得出各部门用于中间使用、居民消费、政府消费和其他最终需求类别的国产品数量。对于部门 i，国产品在国内需求总量中的份额定义为 $\varphi_i = (x_i - e_i) / (x_i + m_i - e_i)$，其中，$x_i$ 表示部门 i 的总产出；m_i 表示部门 i 的进口；e_i 表示部门 i 的出口。得到国产品流量后，进口流量通过从原始投入产出表中扣除国产品得到。

3.4.2　分解结果和发现

1997～2007 年中国总产出增长和劳动者报酬增长的分解结果如表 3.1（开模型）和表 3.2（局部闭模型）所示。例如，开模型的分解结果显示，农林牧渔业（部门 1）的产出增长了 93.00%（$x_1^{2007} / x_1^{1997} = 1.93$），劳动者报酬增长了 81.00%（$w_1^{2007} / w_1^{1997} = 1.81$）。开模型表明，如果其他因素保持不变，消费份额像 1997～2007 年那样发生变化，中国的农林牧渔业产出将减少 32.00%（对于部门 1 $Ec = 0.68$）。将所有因素的效应相乘将得到 1997～2007 年农林牧渔业产出的增长（即 $3.82 \times 0.93 \times 0.68 \times 0.95 \times 0.84 \approx 1.93$）和农林牧渔业劳动者报酬的增长（即 $3.82 \times 0.93 \times 0.68 \times 0.95 \times 0.84 \times 0.94 \approx 1.81$）。

表 3.1　总产出增长和劳动者报酬增长的分解结果（开模型）

部门	总产出比率	劳动者报酬比率	EA	Ec	Eg	$E\alpha$	Eb
1	1.93	1.81	0.93	0.68	0.95	0.84	0.94
2	4.33	2.93	1.11	1.03	0.96	1.03	0.68
3	5.84	5.71	1.56	1.04	0.90	1.04	0.98
4	5.15	4.07	1.06	1.01	1.14	1.11	0.79
5	2.61	2.12	0.77	0.97	0.83	1.11	0.81
6	3.03	3.11	1.19	0.87	0.93	0.82	1.03
7	2.72	1.82	0.89	0.93	0.83	1.04	0.67

部门	总产出比率	劳动者报酬比率	EA	$E\bar{c}$	$E\bar{g}$	$E\alpha$	Eb
8	2.97	1.86	1.10	0.97	0.76	0.96	0.63
9	4.91	3.80	1.14	0.94	1.13	1.06	0.77
10	3.38	1.86	0.98	1.00	0.88	1.03	0.55
11	6.80	7.64	1.70	1.06	0.95	1.04	1.12
12	4.08	2.59	1.09	0.97	1.00	1.01	0.63
13	2.59	1.91	0.75	0.96	0.83	1.13	0.74
14	7.86	4.17	1.59	1.01	1.15	1.11	0.53
15	3.55	2.31	0.89	0.98	0.97	1.10	0.65
16	4.80	2.97	1.02	1.01	1.08	1.13	0.62
17	6.21	4.50	1.14	1.07	1.24	1.07	0.72
18	4.88	2.59	0.97	0.99	1.25	1.07	0.53
19	8.41	4.75	1.02	1.01	1.92	1.12	0.57
20	5.88	3.28	0.92	1.02	1.44	1.13	0.56
21	2.68	2.19	0.67	1.04	1.00	1.00	0.82
22	8.17	—	1.80	1.00	1.09	1.09	—
23	8.06	5.01	2.01	1.09	0.96	0.99	0.62
24	7.94	3.28	1.78	1.23	1.09	0.88	0.41
25	3.08	3.44	0.81	1.14	0.94	0.93	1.12
26	3.61	2.20	0.96	1.02	0.81	1.18	0.61
27	6.26	3.80	1.39	1.04	1.11	1.02	0.61
28	3.65	4.36	1.43	0.71	1.00	0.94	1.19
29	5.70	6.74	0.92	1.43	1.15	0.99	1.18
30	2.61	2.91	0.68	1.09	0.95	0.97	1.12
31	4.88	4.09	1.10	1.30	0.98	0.91	0.84
32	5.42	5.31	1.24	1.17	1.05	0.94	0.98
33	7.96	6.04	1.13	1.70	1.27	0.85	0.76
34	5.33	3.97	1.02	1.10	1.23	1.01	0.75
35	4.97	4.29	1.61	1.01	0.71	1.13	0.86
36	5.76	4.39	1.83	0.99	0.75	1.11	0.76
37	1.49	1.13	0.78	0.98	0.48	1.07	0.75
38	4.38	3.50	0.85	1.48	1.01	0.89	0.80
39	5.68	4.89	1.03	1.37	1.04	1.01	0.86
40	6.19	5.07	1.09	1.37	1.16	0.94	0.82
41	3.51	2.81	1.18	0.94	0.84	0.98	0.80
42	3.57	4.54	1.01	1.00	0.77	1.20	1.27
总量效应 $E\lambda$		3.82					

注：①总产出比率和劳动者报酬比率以 2007 年和 1997 年的水平之比，以此来衡量总产出和劳动者报酬的增长；②1997 年部门 22 的劳动者报酬为 0，因此未报告部门 22 的劳动者报酬增长的分解结果；③EA、$E\bar{c}$、$E\bar{g}$、$E\alpha$ 和 $E\lambda$ 分别表示国内投入系数、消费份额、其他最终需求份额、居民消费占最终总需求的份额、最终总需求对总产出增长和劳动者报酬增长的影响；Eb 为劳动者报酬系数的变化对劳动者报酬增长的影响

表 3.2　总产出增长和劳动者报酬增长的分解结果（局部闭模型）

部门	总产出比率	劳动者报酬比率	EA	Ec̄	Eḡ	Er	Eb₍ₓ₎	Eb
1	1.93	1.81	0.94	0.64	0.90	0.97	0.80	0.75
2	4.33	2.93	1.12	1.01	0.94	0.98	0.91	0.61
3	5.84	5.71	1.57	1.02	0.89	0.99	0.92	0.89
4	5.15	4.07	1.06	0.99	1.13	0.99	0.95	0.75
5	2.61	2.12	0.77	0.96	0.82	0.99	0.95	0.77
6	3.03	3.11	1.20	0.82	0.89	0.96	0.79	0.81
7	2.72	1.82	0.89	0.90	0.81	0.99	0.92	0.61
8	2.97	1.86	1.11	0.94	0.74	0.98	0.87	0.54
9	4.91	3.80	1.14	0.92	1.12	0.99	0.92	0.72
10	3.38	1.86	0.99	0.97	0.86	0.98	0.91	0.50
11	6.80	7.64	1.70	1.03	0.94	0.99	0.91	1.03
12	4.08	2.59	1.09	0.95	0.98	0.98	0.90	0.57
13	2.59	1.91	0.75	0.95	0.82	0.99	0.96	0.71
14	7.86	4.17	1.59	1.00	1.14	0.99	0.95	0.51
15	3.55	2.31	0.89	0.97	0.95	0.99	0.95	0.61
16	4.80	2.97	1.02	1.00	1.07	0.99	0.96	0.60
17	6.21	4.50	1.14	1.05	1.23	0.99	0.93	0.68
18	4.88	2.59	0.97	0.97	1.23	0.99	0.93	0.49
19	8.41	4.75	1.02	0.99	1.90	0.99	0.96	0.54
20	5.88	3.28	0.92	1.01	1.43	0.99	0.97	0.54
21	2.68	2.19	0.68	1.01	0.97	0.98	0.89	0.73
22	8.17	—	1.81	0.98	1.08	0.99	0.94	—
23	8.06	5.01	2.02	1.06	0.94	0.98	0.89	0.55
24	7.94	3.28	1.79	1.17	1.04	0.97	0.82	0.34
25	3.08	3.44	0.81	1.09	0.91	0.98	0.85	0.95
26	3.61	2.20	0.96	1.02	0.81	1.00	0.99	0.61
27	6.26	3.80	1.40	1.01	1.09	0.98	0.91	0.55
28	3.65	4.36	1.44	0.68	0.97	0.97	0.86	1.02
29	5.70	6.74	0.92	1.38	1.12	0.98	0.88	1.05
30	2.61	2.91	0.68	1.05	0.93	0.98	0.87	0.98
31	4.88	4.09	1.11	1.24	0.95	0.97	0.84	0.71
32	5.42	5.31	1.24	1.12	1.02	0.98	0.86	0.84
33	7.96	6.04	1.14	1.62	1.21	0.97	0.80	0.61
34	5.33	3.97	1.03	1.06	1.20	0.98	0.90	0.67

部门	总产出比率	劳动者报酬比率	EA	$E\overline{c}$	$E\overline{g}$	Er	$Eb_{(x)}$	Eb
35	4.97	4.29	1.61	1.00	0.70	0.99	0.96	0.83
36	5.76	4.39	1.84	0.97	0.74	0.99	0.95	0.73
37	1.49	1.13	0.78	0.97	0.47	0.99	0.93	0.70
38	4.38	3.50	0.86	1.41	0.98	0.97	0.83	0.66
39	5.68	4.89	1.03	1.34	1.01	0.98	0.90	0.77
40	6.19	5.07	1.09	1.32	1.12	0.98	0.86	0.70
41	3.51	2.81	1.19	0.91	0.82	0.98	0.88	0.71
42	3.57	4.54	1.01	1.00	0.77	1.00	1.00	1.27
总量效应 $E\mu$		4.58						

注：①总产出比率和劳动者报酬比率以 2007 年和 1997 年的水平之比，以此来衡量总产出和劳动者报酬的增长；②1997 年部门 22 的劳动者报酬为 0，因此未报告部门 22 的劳动者报酬增长的分解结果；③EA、$E\overline{c}$、$E\overline{g}$ 分别表示国内投入系数、消费份额、其他最终需求份额，Er 和 $E\mu$ 分别表示居民国产品总消费与劳动者报酬总量之比的变化和其他最终总需求的变化对总产出增长和劳动者报酬增长的影响；由于劳动者报酬系数的变化对各产业部门总产出和劳动者报酬的影响不同，这里用 $Eb_{(x)}$ 和 Eb 分别表示劳动者报酬系数的变化对总产出增长和劳动者报酬增长的影响

在两个模型的总产出增长分解中，EA、$E\overline{c}$ 和 $E\overline{g}$ 的结果非常相似。为量化二者结果的不同，我们计算了相对差异（absolute relative difference，ARD）指标[①]：

$$\rho_i^{EA} = \frac{\left| (EA)_i^{\text{semi}} - (EA)_i^{\text{open}} \right|}{\sqrt{(EA)_i^{\text{semi}} (EA)_i^{\text{open}}}} \times 100\%$$

其中，$(EA)_i^{\text{semi}}$ 表示局部闭模型中国产品投入系数矩阵 A 的变化对部门 i 的总产出和劳动者报酬的影响；$(EA)_i^{\text{open}}$ 表示开模型中国产品投入系数矩阵 A 的变化对部门 i 的总产出和劳动者报酬的影响。分子是 $(EA)_i^{\text{semi}}$ 和 $(EA)_i^{\text{open}}$ 之差的绝对值，分母为二者的几何平均值。ρ_i^{EA} 的定义很直观并且具有如下良好性质：①满足对称性，即 $(EA)_i^{\text{semi}}$ 和 $(EA)_i^{\text{open}}$ 的位置互换后，ρ_i^{EA} 的值不变；②当两个模型的分解结果相同时，$\rho_i^{EA} = 0$。

对于两个模型中共有的因素，所有部门的 ARD 平均值和标准差都很小，如 EA 为 0.33%，$E\overline{c}$ 为 2.69%，$E\overline{g}$ 为 2.04%，标准差分别为 0.16%、1.52% 和 1.19%，这说明两种模型产生了相似的分解结果。例如，分解结果显示，无论使用哪种模型，消费份额的变化对总产出和劳动者报酬增长的贡献大致相同。这一结果有悖

---

① 表 3.1 中 $E\overline{c}$ 和 $E\overline{g}$ 的结果总是大于表 3.2 中的结果，这意味着在计算相对差时不必使用绝对值。这种系统性的差异并不适用于 EA 的结果。与其他部门不同，表 3.1 中建筑业（部门 26）的结果小于表 3.2（尽管由于四舍五入而产生了相同的结果，实际表 3.1 中部门 26 的数据小于表 3.2 中的数据），因此我们计算时对二者之差取了绝对值。

于常识，因为局部闭模型中还额外包括了生产部门和居民部门之间建立在收入-消费上的反馈机制。很显然，实证结果显示这种额外的联系在分解中并未发挥作用。主要原因在于，很多变量为结构变量，一些部门份额的上升必然伴随着另外一些部门份额的下降，因此结构变量的变化会出现正负效应抵消的现象。例如，考虑其他最终需求份额向量 $\bar{g}$ 的变化所产生的影响，由于 $\bar{g}$ 是一个结构向量，$\Delta\bar{g}$ 中元素的符号可正可负，正表示引起总产出和劳动者报酬增加，负表示引起总产出和劳动者报酬减少。因此，综合来看，这些影响将会在很大程度上相互抵消，对劳动者报酬总量产生的影响相对较小，因此，在局部闭模型中通过收入-消费关系产生的反馈效应很微弱，这也解释了两个模型的结果如此相似的原因。

对于劳动者报酬增长的分解，EA、$E\bar{c}$、$E\bar{g}$ 和 Eb 是开模型和局部闭模型共有的因素。如式（3.2）和式（3.4）所示，在开模型和局部闭模型中，各部门的劳动者报酬都可以用 $w = \hat{b}x$ 来表示。这意味着 A、$\bar{c}$ 和 $\bar{g}$ 的变化只通过影响总产出 x 而对 w 产生影响。因此，EA、$E\bar{c}$ 和 $E\bar{g}$ 对部门劳动者报酬增长的影响与对总产出增长的影响完全相同。分解结果显示，两个模型得到的 EA、$E\bar{c}$ 和 $E\bar{g}$ 的影响很接近，但 Eb 对劳动者报酬增长的影响却有显著差异，所有部门的 ARD 平均值为 10.31%，标准偏差为 5.94%。和开模型相比，局部闭模型表现出更强的负（或更弱的正）效应，并且对于一些部门来说，两个模型得出的效应的方向截然相反。例如，开模型表明劳动者报酬系数的变化对食品制造和烟草加工部门（部门 6）劳动者报酬增长的影响为正，而局部闭模型表明劳动者报酬系数的变化产生了很大的负面影响。

两个模型中劳动者报酬系数变化产生影响的差异是由局部闭模型中引入的收入-消费反馈机制引起的。对于结构变量 EA、$E\bar{c}$ 和 $E\bar{g}$，其中元素变化对劳动者报酬（收入）产生的正负效应相互抵消，因此反馈机制没有起显著作用。然而，对于 Eb，其影响通过反馈效应而放大。如表 3.1 的最后一列所示，由于 1997～2007 年中国劳动者报酬系数 b 的下降，在开模型中 Eb 直接导致大多数部门的劳动者报酬下降，进而总劳动者报酬大大降低。在局部闭模型中，总劳动者报酬的降低进一步通过生产部门和居民部门的联系带来消费的下降，进而又反过来引起总产出和劳动者报酬的下降，从而使劳动者报酬系数变化的影响进一步加强。对比表 3.1 和表 3.2，发现对于所有投入产出部门，局部闭模型中 Eb 的值都比开模型中的值小。

两个模型对总量效应的分解结果存在较大不同，开模型中的总量效应为 $E\lambda = 3.82$，而局部闭模型中的总量效应为 $E\mu = 4.58$，其中 $\lambda = \sum_i f_i = \sum_i (c_i + g_i)$，$\mu = \sum_i g_i$。由于两个模型中反映总量效应的指标定义不同，因此指标变化的不同

通常会造成不同的总量效应。只有当居民总消费 $\sum_i c_i$ 的增长速度与其他最终需求

总量 $\sum_i g_i$ 的增长速度相同时，两种影响才会完全相同。按名义价值计算，居民消

费总额从 1997 年的 3428 亿元增长到 2007 年的 9219 亿元，增长了 169%，其他最终需求总额也从 5126 亿元增长到 23 485 亿元，增长了 358%，最终需求总额从 8554亿元增长到 32 704 亿元，增长了 282%。在其他最终需求中，出口额从 1654 亿元增长到 9554 亿元，增长了 478%，出口是其他最终需求增长的重要力量，这与中国产出增长主要由出口拉动的普遍观点相一致。投资需求的增长速度也显著快于居民消费，数值从 1997 年的 2701 亿元增长到 2007 年的 10 293 亿元，增长了 281%。投资的快速增长反映了中国的经济重心从以农业为主向以制造业为主转变。

在开模型中，劳动者报酬系数 b 的变化对总产出增长不产生影响，但在局部闭模型中却产生了很大影响（表 3.2 中列 $Eb_{(x)}$）。b 的变化对每个行业的总产出增长都有负面作用①，其中对农林牧渔业（部门 1）、食品制造及烟草加工业（部门 6）和房地产业（部门 33）的影响尤其显著，引起产出下降 20% 以上。劳动者报酬系数的变化会导致约 1/3 数量的部门总产出下降 10% 以上，由于这部分影响完全是通过收入-消费联系间接产生的，因此劳动者报酬系数的变化对总产出增长的负面影响不容忽视。1997 年到 2007 年，42 个部门中有 34 个部门的劳动者报酬系数下降，其下降量无法被劳动者报酬系数增长的部门完全抵消，因此对劳动者报酬总量的增长产生了负面影响，进而引起各部门居民消费量、总产出、劳动者报酬等进一步下降，所有这些间接影响加在一起，最终对总产出的增长产生了较大负面效应，并且消费份额较大的部门通常比消费份额较小的部门受影响更大，如农林牧渔业（部门 1）。

与开模型不同，在局部闭模型中，部门层面的居民消费增长是由内生决定的。因此，消费增长可以在投入产出局部闭模型中分解，但不能在开模型中分解。但应该强调的是，许多决定因素的变化对不同部门消费增长有着相同的影响，唯一对消费增长影响不同的因素是消费份额，这使得这种分解意义不大。中国居民消费增长的分解分析见附录 5。

3.5　其他国家的分解结果

对中国 1997 年和 2007 年投入产出表进行结构分解的结果表明，在分解总产出增长时，局部闭模型和开模型对共同因素产生了非常相近的结果，然而，对劳

---

① 劳动者报酬系数的变化也对公共管理和社会组织（部门 42）的产出产生了负面影响，但效应很小，由于四舍五入，在表 3.2 中显示为 1.00。

动者报酬增长进行分解时，两个模型对于劳动者报酬系数变化的贡献产生了完全不同的结果。本节利用其他国家的投入产出表进行分解，来检验我们的发现是否具有普遍性。由于保加利亚、塞浦路斯和希腊的一些产业部门出现最终需求为负值的情况，因此无法对这些国家的劳动者报酬的增长进行乘法分解。另外，由于罗马尼亚的农业部门出现劳动者报酬大于总产出的情况，因此也未对罗马尼亚的劳动者报酬增长进行分解。表 3.3 最终给出了中国和其他国家的分解结果对比。

表 3.3　中国和其他国家的分解结果对比（1997～2007 年）

国家	EA		Ec		Eg		Eb		γ	corr
	均值	标准差	均值	标准差	均值	标准差	均值	标准差		
澳大利亚	0.34%	0.15%	0.38%	0.17%	1.56%	0.68%	1.25%	0.54%	−1.95	−0.41
奥地利	0.37%	0.29%	0.09%	0.07%	1.55%	1.23%	6.84%	5.41%	−14.78	−0.19
比利时	0.18%	0.19%	0.38%	0.39%	0.46%	0.48%	2.27%	2.36%	−7.60	−0.26
保加利亚										0.06
巴西	0.48%	0.19%	2.81%	1.09%	2.01%	0.81%	5.81%	2.29%	−5.88	0.18
加拿大	2.93%	1.90%	0.92%	0.58%	0.10%	0.15%	3.09%	2.01%	−5.61	0.26
中国	0.82%	0.48%	1.76%	1.06%	2.03%	1.19%	11.70%	6.99%	−30.51	−0.27
塞浦路斯										−0.24
捷克	2.24%	1.60%	0.27%	0.19%	3.62%	2.57%	2.20%	1.57%	−5.93	0.28
丹麦	0.74%	0.59%	0.03%	0.04%	2.25%	1.83%	1.73%	1.41%	−4.58	0.36
爱沙尼亚	0.86%	0.72%	0.42%	0.34%	0.14%	0.12%	0.04%	0.04%	0.25	−0.06
芬兰	0.21%	0.15%	0.06%	0.04%	0.80%	0.57%	5.21%	3.70%	−11.56	−0.22
法国	1.13%	0.71%	0.03%	0.03%	0.81%	0.51%	3.74%	2.35%	−6.02	−0.11
德国	0.96%	0.59%	0.10%	0.07%	1.93%	1.21%	7.43%	4.67%	−12.55	−0.31
希腊										0.05
匈牙利	2.12%	1.41%	0.09%	0.06%	3.35%	2.25%	0.37%	0.25%	−0.78	−0.17
印度	4.30%	1.97%	0.39%	0.19%	3.73%	1.71%	12.53%	5.84%	−17.20	−0.67
印度尼西亚	1.99%	1.04%	0.66%	0.44%	3.27%	1.82%	1.92%	1.10%	−2.94	−0.20
爱尔兰	1.47%	1.14%	0.61%	0.47%	1.72%	1.29%	3.93%	3.04%	−12.68	−0.48
意大利	1.89%	0.94%	1.13%	0.56%	0.82%	0.41%	7.31%	3.67%	−9.68	−0.10
日本	0.30%	0.16%	1.67%	0.92%	1.01%	0.56%	3.68%	2.02%	−4.74	−0.15
韩国	1.47%	0.96%	0.65%	0.43%	1.41%	0.93%	12.23%	7.99%	−18.93	−0.17
拉脱维亚	2.73%	2.05%	0.55%	0.44%	0.60%	0.46%	6.70%	5.17%	12.81	−0.32
立陶宛	0.49%	0.42%	0.51%	0.51%	0.95%	0.85%	2.58%	2.43%	3.80	−0.14
卢森堡	0.50%	0.70%	0.11%	0.15%	2.05%	3.08%	5.04%	7.29%	−31.07	−0.27
马耳他	3.11%	1.94%	0.51%	0.36%	1.25%	0.97%	6.83%	4.41%	−17.24	−0.11
墨西哥	0.56%	0.31%	1.08%	0.62%	3.51%	1.99%	6.71%	3.85%	−8.66	0.24

续表

国家	EA		Ec̄		Eḡ		Eb		γ	corr
	均值	标准差	均值	标准差	均值	标准差	均值	标准差		
荷兰	0.19%	0.19%	0.03%	0.03%	0.33%	0.32%	1.48%	1.42%	−4.73	−0.14
波兰	3.89%	2.21%	2.56%	1.62%	2.69%	1.52%	21.39%	11.54%	−27.17	0.01
葡萄牙	1.53%	0.97%	1.33%	0.83%	0.44%	0.29%	0.59%	0.36%	0.41	−0.41
罗马尼亚										−0.03
俄罗斯	2.51%	1.24%	0.11%	0.07%	0.79%	0.40%	3.75%	1.85%	−6.00	−0.63
斯洛伐克	4.47%	3.39%	0.47%	0.34%	2.50%	1.97%	0.16%	0.16%	−0.88	0.07
斯洛文尼亚	2.79%	2.25%	0.27%	0.23%	1.39%	1.15%	3.85%	3.20%	−8.67	0.09
西班牙	0.06%	0.03%	0.38%	0.19%	0.28%	0.14%	9.74%	4.74%	−14.36	−0.10
瑞典	0.62%	0.48%	0.68%	0.53%	0.54%	0.42%	2.86%	2.23%	−7.26	0.05
土耳其	7.81%	3.21%	4.58%	1.87%	12.20%	5.09%	19.31%	8.04%	−20.91	−0.35
英国	0.11%	0.06%	0.04%	0.04%	0.56%	0.34%	1.29%	0.71%	1.11	−0.50
美国	0.89%	0.39%	0.06%	0.03%	0.18%	0.08%	1.00%	0.43%	−0.80	−0.72

注：① γ 表示劳动者报酬系数的平均百分比变化；corr 表示 1997～2007 年国内投入系数矩阵的列和变化与相应劳动者报酬系数变化之间的相关系数；② 均值和标准差分别表示所有部门 ARD 的均值和标准差

　　此项研究使用的数据来自世界投入产出数据库（World Input-Output Database，WIOD）2013 年发布的版本（Dietzenbacher et al.，2013）。WIOD2013 数据库中的投入产出表包括 35 个行业，涉及 39 个国家。有关劳动者报酬的数据从 WIOD 数据库的社会经济账户中获得。对于印度尼西亚、印度和土耳其，由于没有关于劳动者报酬的数据，使用雇员报酬替代。

　　如表 3.3 所示，开模型和局部闭模型对它们的共同因素 A、$\bar{c}$ 和 $\bar{g}$ 产生非常相似的分解结果。几乎所有国家的 ARD 的均值都小于 5%，并且标准非常小。对于一半以上的国家来说，这一数字甚至不到 1%。土耳其是唯一一个例外，两个模型对因素 $\bar{g}$（其他最终需求份额）产生了显著不同的分解结果，ARD 的均值为 12.20%。这是因为 $\bar{g}$ 的变化导致了土耳其具有很高劳动者报酬系数部门（如公共行政和国防、教育）总产出大幅增加，这将引起劳动者报酬总量明显增加，因此收入-消费反馈机制开始发挥作用。根据土耳其投入产出表，这两个部门的其他最终需求份额从 1997 年的 7.33% 和 0.34% 增加到 2007 年的 13.13% 和 5.77%，这是由政府支出大幅增加引起的；1997 年和 2007 年这两个部门的劳动者报酬系数均值分别为 0.76 和 0.49，远远大于其他行业①。$\bar{g}$ 的增加导致劳动者报酬总量大幅增加，在局部闭模型中靠收入-消费反馈机制进一步传递，导致总产出额外增加。同理，可以解释土耳其的直接投入矩阵 A 的变化在两种模型中产生较大差异分解

----

① 其他行业平均劳动者报酬系数 1997 年为 0.16，2007 年为 0.14。

结果（ARD 的均值为 7.81%）的原因。就劳动者报酬系数 **b** 变化的影响而言，两种模型分解结果的差异程度因国家而异。对于中国、印度、韩国、波兰和土耳其，ARD 的均值超过 10%，标准差也相对较大；对于奥地利、巴西、芬兰、德国、西班牙、意大利、拉脱维亚、卢森堡、墨西哥和马耳他，ARD 的均值均大于 5%，标准差相对较大；然而，对于其他国家，特别是爱沙尼亚、匈牙利、葡萄牙、斯洛伐克及美国，ARD 的均值相对较小。

为了分析劳动者报酬系数的变化在两种模型结果差异中起的作用，我们计算了劳动者报酬系数的平均百分比变化，用 1997 年和 2007 年各部门的平均总产出水平进行加权。

$$\gamma = \frac{(\boldsymbol{b}_1 - \boldsymbol{b}_0)'(\boldsymbol{x}_0 + \boldsymbol{x}_1)/2}{(w_0 + w_1)/2} \times 100\% = \frac{(\boldsymbol{b}_1 - \boldsymbol{b}_0)'(\boldsymbol{x}_0 + \boldsymbol{x}_1)}{(w_0 + w_1)} \times 100\% \qquad (3.12)$$

其中，$\boldsymbol{b}_0$ 和 $\boldsymbol{b}_1$ 分别表示首年和末年的劳动者报酬系数向量；$\boldsymbol{x}_0$ 和 $\boldsymbol{x}_1$ 分别表示首年和末年的总产出向量；w_0 和 w_1 分别表示首年和末年的劳动者报酬总量。从表 3.3 γ 分析结果可以看出，劳动者报酬系数平均变化较大的国家（如中国、印度、韩国、波兰和土耳其）**Eb** 在两种模型中表现出非常显著的差异。相反，劳动者报酬系数平均变化较小的国家（如爱沙尼亚、匈牙利、葡萄牙、斯洛伐克及美国）**Eb** 在两种模型中得出的差异非常小。因此，在分解劳动者报酬增长时，我们建议首先检查大型产业部门的劳动者报酬系数的变化是否显著且有相同的变动方向。如果没有此种情况，则选择使用开模型和局部闭模型均可，因为二者会产生相近的分解结果。如果此情况下的劳动者报酬系数变化量很大，并且具有相同的变动方向，则建议选择使用局部闭模型，因为局部闭模型考虑了收入-消费反馈机制，比开模型更符合实际。

对 1997～2007 年不同国家劳动者报酬增长来源的分析表明，3.4 节中针对中国具体情况得出的结果通常和其他劳动者报酬系数迅速下降的国家的情况相似。对于这些国家，劳动者报酬系数的变化所带来的影响在很大程度上取决于所使用的模型类型。对于劳动者报酬系数变化较小的国家，基础模型的选择就没那么重要了。一般来说，在两种模型下国内投入系数的变化、消费份额的变化和其他最终需求份额的变化会导致劳动者报酬水平发生相似的变化，这不仅适用于中国，也几乎适用于本节分析中的所有国家。

3.6　结构分解的相关性检验

SDA 方法将研究者所感兴趣的变量的变化（如总产出的变化）分解为各个决定因素（如居民消费）变化的贡献，其分解结果展示的是如果其他变量保持不变，某个因素（如居民消费）按照实际发生变化，研究者所感兴趣的变量（如总产出）会发生的变化。Dietzenbacher 和 Los（2000）指出 SDA 方法所隐含的假设为各个决定因素相互独立，本节将对这一假设进行检验。

在投入产出模型中，对于每个部门，国内投入系数、进口系数、劳动者报酬系数和其他增加值系数相加为 1。由于该加和约束，国内投入系数矩阵 A 和劳动者报酬系数 b 之间在严格意义上可能相关。Dietzenbacher 和 Los（2000）认为影响因素之间的相关性可能导致分解分析结果出现偏差，并提出了纠正这种偏差的方法。A 的列和与 b 中相应元素之间的相关程度是不确定的。例如，A 列和的变化不一定与劳动者报酬系数的变化相关，它的变化可能被其他因素（进口系数或其他增加值系数或它们二者）的变化所吸收。因此，我们需要检查 A 的列和与向量 b 之间的相关性，如果相关性不强，才可进行下一步分解。

首先对中国 1997 年和 2007 年投入产出表中各系数的相关性进行检验。我们计算了 1997 年和 2007 年间每个部门 j 对应系数的变化：A 第 j 列总和（$\sum_i \Delta a_{ij}$）的变化；部门 j 劳动者报酬系数的变化（Δb_j）；部门 j 进口系数的变化（$\Delta \omega_j$），其中 $\omega_j = m_j / x_j$；部门 j 其他增加值系数的变化（Δv_j），进一步计算了这些系数变化量之间的相关系数。具体结果如表 3.4 所示。

表 3.4　各个系数变化之间的相关系数（1997～2007 年）

系数	$\sum_i \Delta a_{ij}$	$\Delta \omega_j$	Δb_j	Δv_j
$\sum_i \Delta a_{ij}$	1.00			
$\Delta \omega_j$	−0.25	1.00		
Δb_j	−0.22	−0.28	1.00	
Δv_j	−0.73	−0.12	−0.29	1.00

由表 3.4 可知，国内投入系数矩阵的列和与其他增加值系数之间有很强的负相关关系（−0.73），这意味着一个部门国内投入份额的减少往往伴随着该行业其他增加值项目系数的增加。根据前面的分解结果表达式可知，其他增加值系数在分解中不起作用，不会影响最后的结果。其他系数的变化之间的相关性都很小，特别是，国内投入系数矩阵的列和与劳动者报酬系数之间的相关性只有−0.22[①]，这意味着在分解中，决定因素之间的相关性并不严重，不会影响结果的准确性，所以，可以直接使用 3.3 节中的分解公式进行分析。

进一步对其他国家的投入产出表（来自 WIOD）中的国内投入系数矩阵的列

---

① 此相关系数在 5%显著性水平上无法通过显著性检验。

和与相应劳动者报酬系数变化量之间的相关性进行检查。表 3.3 最后一列的结果表明，大多数国家的两种系数的相关性相当弱，因此，这些国家分解结果的准确性不会受到相关性问题的影响。然而，我们也发现一些国家两种系数表现出很强的负相关，如印度、俄罗斯和美国。这意味着，对这些国家来说，一个部门国内投入份额的变化往往会被这个行业的劳动者报酬系数的变化所抵消，主要是因为这些国家的进口系数较小，不能吸收国内投入系数较大的变化，因此大部分的变化将被劳动者报酬系数所吸收。在这种情况下，这些国家分解结果的准确性将受到强相关性的影响。如果对这些国家的分解感兴趣，可参照 Dietzenbacher 和 Los（2000）中的方法解决相关性问题。

3.7　结　　论

投入产出开模型将居民消费视为外生，而在投入产出局部闭模型中，居民消费连同劳动者报酬被内生化。在局部闭模型中，总产出增加将导致劳动者报酬增加，劳动者报酬增加又反馈到居民收入，居民收入的增加又进一步增加对各部门产品的消费需求。与开模型相比，生产部门与居民部门建立在收入-消费上的联系在局部闭模型中提供了额外的反馈机制，使得在影响分析、收入分配等相关问题的研究中两个模型得到的结果截然不同。本章中讨论的问题是这种额外的反馈机制是否也会引起 SDA 结果的不同。为此，我们使用两个模型分解了 1997 年和 2007 年中国和其他国家各产业部门总产出和劳动者报酬的增长。

首先，我们发现，对于中国总产出增长的分解，开模型和局部闭模型在两个模型共有的因素方面产生了非常相似的结果。这些共有的因素分别是：国内投入系数矩阵的变化、消费份额向量的变化及其他最终需求（包括政府支出、出口和投资）份额向量的变化。对其他国家的分解分析也有同样的发现。因此，当分解总产出增长时，对于共同因素，局部闭模型和开模型都可以选择使用。这两种模型的区别在于，在局部闭模型中，劳动者报酬系数的变化会导致总产出的增长，而开模型中因不存在收入-消费反馈效应，从而不受劳动者报酬系数变化的影响。

其次，在劳动者报酬增长的分解中，两种模型分解结果的差异程度因国家而异。当劳动者报酬系数的变化对劳动者报酬总量的直接影响很大时，两个模型结果的差异就会很大，反之差异非常小。这是因为局部闭模型中的反馈机制进一步放大了对劳动者报酬总量的直接影响，所以两种模型的差异主要由这种直接效应的水平决定。因此，在进行劳动者报酬增长的分解分析之前，应先对劳动者报酬系数的变化对劳动者报酬总量的直接影响进行检验，如果这种直接影响很大，建议使用局部闭模型进行结构分解，因为局部闭模型考虑了收入-消费反馈机制，比开模型更符合实际。

　　综上所述,本章的研究结果对于 SDA 中开模型和局部闭模型的选择也有一定的启示。对于总产出或与总产出相关的变量(如二氧化碳排放量、进口量)的分解,如果两个模型中只有共同因素国内投入系数矩阵、消费份额向量和其他最终需求份额向量起决定性作用,那么使用开模型或局部闭模型将得到一致的分解结果。对于劳动者报酬的分解,如果劳动者报酬系数的变化是重点关注的因素,并且其变化对劳动者报酬总量的直接影响很大,则建议使用局部闭模型进行分解分析。一方面,因为局部闭模型考虑了收入-消费关系,比开模型更符合实际;另一方面,因为在分解分析中产生了与开模型显著不同的结果。然而,在某些情况下,基于局部闭模型的 SDA 可能存在严重的相关性问题,在这种情况下,建议参考 Dietzenbacher 和 Los(2000)的解决方法。

参 考 文 献

Arto I, Dietzenbacher E. 2014. Drivers of the growth in global greenhouse gas emissions. Environmental Science & Technology, 48 (10): 5388-5394.

Bai C E, Qian Z J. 2010. The factor income distribution in China: 1978-2007. China Economic Review, 21 (4): 650-670.

Batey P W J, Madden M, Scholefield G. 1993. Socio-economic impact assessment of large-scale projects using input-output analysis: a case study of an airport. Regional Studies, 27 (3): 179-191.

Batey P W J, Madden M, Weeks M J. 1987. Household income and expenditure in extended input-output models: a comparative theoretical and empirical analysis. Journal of Regional Science, 27 (3): 341-356.

Batey P W J, Rose A Z. 1990. Extended input-output models: progress and potential. International Regional Science Review, 13 (1/2): 27-49.

Cazcarro I, Duarte R, Sánchez-Chóliz J. 2013. Economic growth and the evolution of water consumption in Spain: a structural decomposition analysis. Ecological Economics, 96: 51-61.

Chen Q R, Dietzenbacher E, Los B, et al. 2016. Modeling the short-run effect of fiscal stimuli on GDP: a new semi-closed input-output model. Economic Modelling, 58: 52-63.

de Haan M. 2001. A structural decomposition analysis of pollution in the Netherlands. Economic Systems Research, 13 (2): 181-196.

Dietzenbacher E, Günlük-Şenesen G. 2003a. Demand-pull and cost-push effects on labor income in Turkey, 1973-90. Environment and Planning A: Economy and Space, 35 (10): 1785-1807.

Dietzenbacher E, Günlük-Şenesen G. 2003b. A structural decomposition analysis for a partially closed input-output model. The 50th North American Meetings of the Regional Science Association International, Philadelphia.

Dietzenbacher E, Hoen A R, Los B. 2000. Labor productivity in western Europe 1975-1985: an intercountry, interindustry analysis. Journal of Regional Science, 40 (3): 425-452.

Dietzenbacher E, Los B. 1998. Structural decomposition techniques: sense and sensitivity. Economic Systems Research, 10 (4): 307-324.

Dietzenbacher E, Los B. 2000. Structural decomposition analyses with dependent determinants. Economic Systems Research, 12 (4): 497-514.

Dietzenbacher E, Los B, Stehrer R, et al. 2013. The construction of world input-output tables in the WIOD project. Economic Systems Research, 25 (1): 71-98.

Hermannsson K，Lisenkova K，Lecca P，et al. 2014a. The regional economic impact of more graduates in the labour market: a 'micro-to-macro' analysis for Scotland. Environment and Planning A: Economy and Space，46（2）: 471-487.

Hermannsson K，Lisenkova K，McGregor P，et al. 2013. The expenditure impacts of individual higher education institutions and their students on the Scottish economy under a regional government budget constraint: homogeneity or heterogeneity. Environment and Planning A: Economy and Space，45（3）: 710-727.

Hermannsson K，Lisenkova K，McGregor P，et al. 2014b. 'Policy scepticism' and the impact of Scottish higher education institutions（HEIs）on their host region: accounting for regional budget constraints under devolution. Regional Studies，48（2）: 400-417.

Hewings G J D，Romanos M C. 2010. Simulating less developed regional economies under conditions of limited information. Geographical Analysis，13（4）: 373-390.

Jensen-Butler C，Madsen B. 2005. Decomposition analysis: an extended theoretical foundation and its application to the study of regional income growth in Denmark. Environment and Planning A: Economy and Space，37（12）: 2189-2208.

Llop M. 2007. Comparing multipliers in the social accounting matrix framework: the case of Catalonia. Environment and Planning A: Economy and Space，39（8）: 2020-2029.

McGregor P G，Swales J K，Yin Y P. 1999. Spillover and feedback effects in general equilibrium interregional models of the national economy: a requiem for interregional input-output//Hewings G J D，Sonis M，Madden M，et al. Understanding and Interpreting Economic Structure. Berlin，Heidelberg: Springer: 167-190.

Miller R E，Blair P D. 2009. Input-Output Analysis: Foundations and Extensions，2nd ed. Cambridge: Cambridge University Press.

Miyazawa K. 1976. Input-Output Analysis and the Structure of Income Distribution. Berlin: Springer-Verlag.

Oosterhaven J，Broersma L. 2007. Sector structure and cluster economies: a decomposition of regional labour productivity. Regional Studies，41（5）: 639-659.

Pei J S，Dietzenbacher E，Oosterhaven J，et al. 2011. Accounting for China's import growth: a structural decomposition for 1997-2005. Environment and Planning A: Economy and Space，43（12）: 2971-2991.

Pyatt G. 1988. A SAM approach to modeling. Journal of Policy Modeling，10（3）: 327-352.

Pyatt G. 2001. Some early multiplier models of the relationship between income distribution and production structure. Economic Systems Research，13（2）: 139-163.

Rose A，Casler S. 1996. Input-output structural decomposition analysis: a critical appraisal. Economic Systems Research，8（1）: 33-62.

Schumann J. 1994. Does it make sense to apply the static open input-output model for imputation and structural decomposition? . Economic Systems Research，6（2）: 171-178.

Takayama A. 1985. Mathematical Economics. 2nd ed. Cambridge: Cambridge University Press.

Trigg A B，Madden M. 1994. Using a demand system to estimate extended input-output multipliers. Economic Systems Research，6（4）: 385-395.

Yang C H，Chen X K，Xu J. 2008. A method to optimize gross fixed capital investments for water conservancy in China. Economic Systems Research，20（2）: 151-172.

第4章 功能性与规模性收入分配影响因素分析

4.1 引　　言

现实经济活动中，不同个体是作为不同要素所有者参与到生产和分配中的，要素收入分配（功能性）越公平，社会财富在不同个体之间的分配（规模性）也就越公平。为改善中国功能性与规模性收入分配状况，从根源上要不断提高初次分配中劳动者报酬的份额。理论上在国民收入的要素分配（功能性）中占据优势的群体或个人，在个体收入分配（规模性）中也必然占据优势。实际上个体收入分配（规模性）的最终差异，不仅受到初次分配中要素分配（功能性）公平性的影响，还会受到很多复杂因素的影响。

从古典经济学研究产出的要素分配开始，到新古典经济学派的边际原理，再到后来学者对国民收入劳资分配问题的探讨，要素收入分配是个经久不衰的研究主题。目前关于要素收入分配的研究，最关注的是劳动者报酬份额的变化，相关研究在分析方法和结论上也有差异。

关于劳动者报酬份额的测算。Gollin（2002）指出由于核算口径不同，不同国家计算的劳动者报酬份额差异很大，作者在对劳动者报酬核算做了几项调整并重新测算后，发现多数国家的劳动者报酬份额都在 0.65~0.8。Kristal（2013）在分析以色列劳动者报酬份额变化时，指出劳动者报酬中包含了同时获得工资和资本回报的首席执行官（chief executive officer，CEO）的劳动者报酬，为了模型的稳健性，应从总劳动者报酬中扣除收入前 1%的群体的收入后，除以 GDP 得到修正的工人劳动者报酬份额。白重恩和钱震杰（2009）认为核算口径的变化使 2003~2004 年中国劳动者报酬份额的降幅被高估。章上峰和许冰（2010）认为核算劳动者报酬份额用投入产出表更可靠，并提出了新的生产函数测算法。吕光明和李莹（2015）根据核算口径的差别与变化，对劳动者报酬份额进行修正转换后，发现 1992~2012 年劳动者报酬份额呈平稳波动后下降的特点。

关于劳动者报酬份额的影响因素。Bentolila 和 Saint-Paul（1998）通过分析 1970 年以来经济合作与发展组织（Organization for Economic Cooperation and Development，OECD）国家劳动者报酬份额的变化，发现资本产出比是一个重要影响因素。Kristal（2010）分析了 1960~2005 年 OECD 国家劳动者报酬份额的变化并建立面板模型，发现工人阶级组织能力是显著影响因素。白重恩和钱震杰（2010）基于省际面板数据，对劳动者报酬占比进行回归，发现产业结构、国有经济占比、税收是显著影响因素。伍山林（2011）建立劳动者报酬份额在微观企业层面的模型，发现工资率的提高不一定拉动劳动者报酬份额的提升，而生产技术、税收水平是影响因素。孙文杰（2012）基于结构分解，将劳动者报酬份额的变动分解为劳动回报率变动、最终需求结构变动、进口中间投入变动等六个影响效应。胡秋阳（2016）构造了三因素分解模型，并基于投入产出表数据进行分析，结果表明 1997～2007 年中国劳动者报酬份额变化的主要原因是产业内效应。

　　20 世纪中期，学者开始重点关注个体或家庭收入分配（规模性收入分配）的公平性问题。近些年国内兴起了很多居民收入调查，随着微观收入数据的增多，据此进行的实证研究也逐渐增多。

　　关于规模性收入分配的度量。研究规模性收入分配，常用的度量方法有收入分布结构、分位数函数、洛伦兹曲线、基尼系数、泰尔指数、广义熵等。章上峰等（2009）通过对 1989～2004 年中国家庭收入分布分析，发现收入分布呈右偏尖峰，2004 年出现双峰迹象，说明中国中低收入家庭比重一直很大，两极分化现象逐渐明显。葛成和刘震（2010）分析了中国城镇居民收入分布结构变化，发现收入分布结构最初接近正态分布，后来向低等收入段倾斜。杨耀武和杨澄宇（2015）通过对居民收入微观数据的调整，以及重新估算基尼系数及其置信区间，结果指出 2008～2013 年中国基尼系数的下降只有三年是统计显著的。

　　关于规模性收入分配的影响因素。Melly（2005）分析了 2000 年德国公共部门和私营部门收入分布的差别，并使用分位数回归进行实证研究，发现性别、工作经验、文化程度对公共部门的个人收入有较大影响，收入奖励在收入分布的尾部最高，并且随收入分布的移动单调递减。Su 和 Heshmati（2013）用普通最小二乘、条件分位数回归等方法分析了影响中国居民收入及城乡居民收入差距（规模性）的因素，分析发现个人能力，尤其是教育水平和职业类型是两个重要因素，并且在收入分布的不同分位点上影响程度也不同。宁光杰（2014）对 2011 年中国家庭金融调查数据进行实证分析，发现学历、政治面貌等个人因素，以及社会保障、金融制度等制度因素会对财产性收入差异产生影响。蒋含明（2016）基于 CHIP 数据，利用工具变量探究要素市场扭曲对个体劳动性收入分配（规模性）的影响，研究表明其具有显著负向影响。

　　本书 2.2 节从整体层面和产业部门层面，分析了 2002～2012 年中国要素收入分配（功能性）的状况及其变化。那么哪些因素会对中国劳动者报酬份额的变动产生影响，以及产业内部变动效应是否是主要因素需要进一步探究。本章将基于投入产出表，采用 SDA 方法重点研究 2002～2012 年中国劳动者报酬份额变化的驱动因素，从而找到提升劳动者报酬份额的对策，为优化功能性分配格局，间接改善规模性分配状况提出建议。对于规模性收入分配的影响因素,本章将采用分位数回归模型,对不同收入群体个体收入差异的影响因素进行比较分析,在此基础上为缩小个体收入差距、建立"中间大,两头小"的橄榄形个体规模性收入分配格局提出建议。

4.2 数据处理与说明

4.2.1 投入产出表数据的处理

第一,原始投入产出表都是按照当年价格计算的,原则上应剔除价格影响因素,编制不变价投入产出表。理论上,可以采用"单缩法"(single deflation)或"双缩法"(double deflation),并以 2002 年为基期进行价格调整。"单缩法"不考虑中间投入与总产出产品的相对价格变化,由于以下分析用到的都是比例指标,所以是否采用"单缩法"对结果影响不大。如果考虑各部门中间投入与总产出产品的相对价格变化,则"双缩法"比较适用。"双缩法"需要对 109 个部门的中间投入、消费、投资、出口、总产出等对应的价格指数分别进行调整,计算出以基期价格计算的增加值。一方面,由于价格指数缺失和统计误差,调整后的增加值可能出现负值;另一方面,考虑到本章研究的重点,就是投入产出表第Ⅲ象限增加值的结构,而且份额受价格影响相对较小,用"双缩法"调整后,可能会造成更大的偏差。基于以上原因,以下分析使用的是现价投入产出表。

第二,投入产出结构分解分析(input-output structural decomposition analysis,IO-SDA)模型需要先将原始投入产出表转换成非竞争型投入产出表。具体做法如下:将原始投入产出表第Ⅰ、Ⅱ象限每一行数据同时乘以"国产品比例 φ_i"(除出口项以外),得到 $A^D X$、C^D、G^D、K^D 和 R^D;每一行数据同时乘以"进口品比例 s_i"(除出口项以外),即可得到 $A^M X$、C^M、G^M、K^M 和 R^M(变量含义见表 4.1)。其中,$\varphi_i = (x_i - e_i)/(x_i + m_i - e_i)$ 表示国内产品在总需求中的占比;$s_i = m_i /(x_i + m_i - e_i)$ 表示进口品在总需求中的占比(x_i 表示部门 i 的总产出,m_i 表示进口,e_i 表示出口,且 $\varphi_i + s_i = 1$)。

第三,国家统计局公布的投入产出表单独列出了误差项,由于要保持横向平衡关系,而且本书在计算中发现误差项的变动对劳动者报酬份额变动的解释贡献不可忽略,所以下面的分析没有将误差项合并到其他各项,而是单独作为一个因素考虑。

表 4.1　非竞争型投入产出表结构

投入		产出						
		中间使用	最终使用 Y				误差项	总产出或进口
			居民消费	政府消费	投资	出口		
国内中间投入		$A^D X$	C^D	G^D	K^D	E	R^D	X
系统外输入（进口）		$A^M X$	C^M	G^M	K^M	0	R^M	M
增加值	劳动者报酬	V						
	生产税净额							
	固定资产折旧							
	营业盈余							
总投入		X						

注：上标 D 代表国内，上标 M 代表进口

4.2.2　中国家庭收入调查数据的处理

　　规模性收入分配影响因素实证分析用到的中国家庭收入调查数据来自中国收入分配研究院的 CHIP2013 数据库。由于收入数值较大，选取个人年收入的对数（lnincome）作为被解释变量，这样也有利于减弱异方差的影响。这里的个人年收入是指在 2013 年有过就业经历的人，全年主要工作的工资性收入或经营净收入等的总额。对于解释变量的选取，本章基于相关研究经验和数据可得性，将居民个体收入差异的影响因素分为个体因素和社会因素两个方面。各影响因素对应的具体变量符号及变量说明见表 4.2。

表 4.2　居民个体收入差异的影响因素及对应变量说明

分类	具体影响因素	变量符号	变量说明
个体因素	年龄	age	年龄
		age2	年龄的平方
	学历（以高中及以下为参照）	yan	研究生学历 = 1，其他学历 = 0
		ben	本科学历 = 1，其他学历 = 0
		zhuan	大专学历 = 1，其他学历 = 0
	政治面貌（以非党员为参照）	dang	党员 = 1，非党员 = 0
	性别（以女性为参照）	male	男性 = 1，女性 = 0

分类	具体影响因素	变量符号	变量说明
社会因素	劳动合同性质 （以没有合同为参照）	chang	长期合同 = 1，其他 = 0
		duan	短期合同 = 1，其他 = 0
		gu	固定合同（包括公务员、事业单位在编人员）= 1，其他 = 0
	城乡因素（以农村为参照）	urban	城市 = 1，农村 = 0
	地区因素 （以西部地区为参照）	east	东部地区 = 1，其他地区 = 0
		mid	中部地区 = 1，其他地区 = 0

本书第 2 章已经从直观上初步分析了性别、学历、地区、城乡因素对个体规模性收入分配的影响，因此将性别、学历、地区、城乡因素作为定性变量，并在此基础上又加入了年龄、政治面貌、劳动合同性质三个影响因素。之所以又加入这三个因素，原因如下：第一，年龄在一定程度上可以反映出个人工作经验和能力，通常情况下工作经验越丰富，收入水平可能越高，所以年龄是影响个人收入的一个重要因素。一般来说，刚开始随着年龄的增加，工作经验不断积累，收入会逐渐增加，但到一定年龄以后，收入可能会相对稳定或下降。由于年龄与个体收入水平可能不是线性关系，所以同时将年龄和年龄的平方作为两个解释变量。第二，政治面貌可能是一个影响因素。根据生活经验，在国企或政府部门工作，骨干员工中很多都是党员（如宁光杰，2014），所以本书将政治面貌作为个人能力的替代变量。第三，相关研究极少考察劳动合同性质对收入分配的影响，但是劳动合同性质在一定程度上可以反映出劳动者与企业的谈判能力、劳动者的利益是否有可靠的保障。相比于没有合同或临时打工的劳动者来说，有固定或长期劳动合同的劳动者可能在工资谈判、提高工资水平、收入来源保障等方面更占优势，所以本书将劳动合同性质也作为一个因素考虑在内。

CHIP2013 中关于住户成员基本情况及住户成员就业情况的调查中，提供了表 4.2 中所有个人信息数据。原始数据包括 19 887 个城市个体，以及 39 065 个农村个体的信息，需要做如下数据处理：第一，由于城市和农村的数据是分开的，所以首先添加一个"urban"虚拟变量，将城市和农村所有数据进行合并。第二，除了个人年收入和年龄是定量指标以外，其他指标均为定性指标，需要全部转换为虚拟变量。另外由于被解释变量和以上 13 个解释变量有缺失值，所以将有缺失的样本删除，并将所有定性指标数据按表 4.2 的规则转换为虚拟变量。第三，为保证实际意义的合理性，剔除个人年收入数据为负值和 0，以及法定工作年龄 16 岁以下的样本数据。第四，将个人年收入数据作对数化处理。

根据处理以后数据的统计描述（表 4.3），可以看到最终整理出的有效样本包括 8926 个城市个体、13 569 个农村个体，有效样本量足够大，而且收入分布不对称，存在异常高的收入数据，所以比较中位数更能反映城乡个人收入集中趋势的差异。城乡个人年收入在中位数上相差 8000 元。另外从收入分布的离散程度分析，城市个人年收入数据标准差明显更大，这说明城市个人收入水平的差异性更大，收入分布更趋于分散化。

表 4.3 2013 年个人收入的统计描述

指标	农村	城市
样本数/个	13 569	8 926
均值/元	24 451.2	37 685.9
标准差/元	15 864.1	28 589.0
最小值/元	160.0	50.0
最大值/元	350 000.0	800 000.0
1%分位数/元	1 450.0	2 000.0
10%分位数/元	6 000.0	12 000.0
25%分位数/元	14 000.0	20 000.0
50%分位数/元	23 000.0	31 000.0
75%分位数/元	31 000.0	48 000.0
90%分位数/元	41 000.0	70 000.0
99%分位数/元	72 000.0	133 000.0

4.3 劳动者报酬份额变动的因素分解

4.3.1 因素分解模型

基于产业结构和产业内部效应的角度，劳动者报酬份额变动的因素分解公式如式（4.1）所示。

$$r_1 - r_0 = \left(\sum a_{1i} s_{1i} - \sum a_{0i} s_{1i} \right) + \left(\sum a_{0i} s_{1i} - \sum a_{0i} s_{0i} \right) \ (i = 1, 2, \cdots, 109) \quad (4.1)$$

其中，r 表示中国整体劳动者报酬份额；a_i 表示 i 部门内部的劳动者报酬份额；

s_i 表示 i 部门增加值在 GDP 中的占比；下标 1 表示报告期；下标 0 表示基期。所以 $\left(\sum a_{1i}s_{1i} - \sum a_{0i}s_{1i}\right)$ 反映了产业部门内部劳动者报酬份额变动效应，$\left(\sum a_{0i}s_{1i} - \sum a_{0i}s_{0i}\right)$ 反映了产业结构变动效应。

根据式（4.1），分别对 2002～2007 年、2007～2012 年和 2002～2012 年中国劳动者报酬份额的变动进行因素分解。分析因素分解计算的结果（表 4.4），可以发现：第一，2002～2007 年产业部门内部劳动者报酬份额的变动导致中国整体的劳动者报酬份额下降了 3.2 个百分点，贡献率为 63.1%，而产业结构变动效应的贡献率为 36.9%。第二，2007～2012 年产业部门内部劳动者报酬份额的变动使中国整体劳动者报酬份额上升了 7.6 个百分点，贡献率为 97.4%，而产业结构变动效应的贡献率只有 2.6%。第三，通过比较这两个时期，以及 2002～2012 年的因素分解结果，我们发现产业部门内部劳动者报酬份额变动效应是主要方面，而且其贡献率趋于增大，而产业结构变动效应的影响程度在减弱。

表 4.4　中国劳动者报酬份额变动的因素分解结果

劳动者报酬份额变动分解		2002～2007 年	2007～2012 年	2002～2012 年
劳动者报酬份额变化	产业部门内部劳动者报酬份额变动效应/百分点	-3.2	7.6	4.6
	产业结构变动效应/百分点	-1.8	0.2	-1.8
	合计/百分点	-5.0	7.8	2.8
贡献率	产业部门内部劳动者报酬份额变动效应	63.1%	97.4%	164.9%
	产业结构变动效应	36.9%	2.6%	-64.9%
	合计	100%	100%	100%

4.3.2　产业内部与产业结构变动效应的影响机制分析

一方面，从产业内部角度，2002 年、2007 年、2012 年内部劳动者报酬份额由高到低排名前五的产业部门中，都包含农业、林业、畜牧业、渔业部门（表 4.5），而且提高这类劳动者报酬份额较高部门的增加值占比，对提升整体劳动者报酬份额的作用更大。所以近些年国家高度重视"三农"问题，各种惠农政策和农业补贴有利于整体劳动者报酬份额的提升。相反烟草制品业、管道运输业、信息传输服务业等产业部门，内部劳动者报酬份额很低，企业营业盈余在产业部门增加值中占很大部分（表 4.6）。对于这种类型的产业部门，应该增加其内部劳资收入分配比例的合理性，适度提高其内部劳动者报酬占比。产业部门层面内部劳动者报酬份额的动态变化已在 2.2.2 节分析过，2007～2012 年各产业内部劳动力供需发生变化，劳动力成本普遍提高，使产业内部劳动者报酬份额普遍上升，进而拉动整体劳动者报酬份额的提升。

表 4.5　内部劳动者报酬份额较高的五个部门

2002 年		2007 年		2012 年	
产业部门	劳动者报酬份额	产业部门	劳动者报酬份额	产业部门	劳动者报酬份额
渔业	92.7%	农林牧渔服务业	95.0%	农业	101.8%
农业	92.7%	渔业	95.0%	林业	101.4%
畜牧业	92.6%	林业	95.0%	农林牧渔服务业	100.5%
林业	88.6%	畜牧业	95.0%	渔业	100.4%
环境资源与公共设施管理业	87.7%	农业	94.7%	畜牧业	100.2%

表 4.6　内部劳动者报酬份额较低的五个部门

2002 年		2007 年		2012 年	
产业部门	劳动者报酬份额	产业部门	劳动者报酬份额	产业部门	劳动者报酬份额
租赁业	5.6%	管道运输业	6.6%	管道运输业	10.4%
烟草制品业	6.0%	房地产业	10.9%	房地产业	12.4%
管道运输业	17.4%	仓储业	11.6%	石油及核燃料加工业	14.5%
信息传输服务业	18.4%	信息传输服务业	13.3%	烟草制品业	15.6%
石油和天然气开采业	19.3%	烟草制品业	17.2%	信息传输服务业	18.9%

另一方面，从产业结构变动效应角度，产业结构变化会影响社会对资本、劳动力等要素的需求结构，进而会对要素收入分配结构产生直接或间接的影响。理论上，在工业化进程中，资本替代劳动，劳动密集型向资本密集型产业转型，劳动者报酬份额自然会下降。但随着第三产业的快速发展，劳动力需求增加，又会使整体劳动者报酬份额回升。在二者反向作用下，产业结构对整体劳动者报酬份额的影响抵消后可能会不明显。实际上，2002～2007 年产业结构变动效应为负，2007～2012 年第三产业发展更加迅速，比重大幅提高（图 4.1），产业结构变动的影响效应变为正，但在抵消作用下整体影响程度有所减弱。

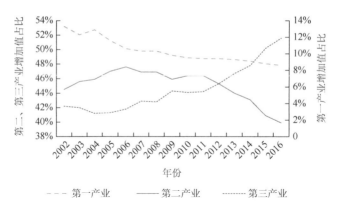

图 4.1 2002～2016 年三次产业增加值在 GDP 中占比变化趋势图

实际上，观察表 4.7 中 2007～2012 年部门增加值占 GDP 比重变化较大的十个产业部门，并比较其内部劳动者报酬份额水平，可以发现，2007 年除建筑业以外，其余部门的内部劳动者报酬份额都偏低，普遍低于 50%。而且 2007～2012 年增加值比重上升幅度较大的部门，大部分属于内部劳动者报酬份额占比较低的服务业。所以虽然 2007～2012 年产业结构有较大变化，第三产业快速发展，但这些变化较大的部门，内部劳动者报酬份额普遍很低，产业结构变动的拉动效应自然很有限。

表 4.7 2007～2012 年增加值比重变化较大的主要部门

产业部门	2007 年增加值比重	2012 年增加值比重	2007 年部门内部劳动者报酬份额	2007 年部门内部劳动者报酬份额排名	2012 年部门内部劳动者报酬份额	2012 年部门内部劳动者报酬份额排名
增加值比重增加较多的五部门						
批发和零售贸易业	6.5%	9.3%	24.2%	94	29.7%	92
金融业	4.6%	6.1%	22.4%	103	29.3%	93
建筑业	5.5%	6.9%	51.0%	18	61.0%	17
房地产业	4.6%	5.8%	10.9%	107	12.4%	107
商务服务	1.4%	2.0%	35.0%	62	50.4%	35
增加值比重减少较多的五部门						
电力、热力的生产和供应业	3.3%	2.3%	23.8%	95	28.7%	95
水上运输业	1.1%	0.3%	24.3%	92	35.9%	78
石油和天然气开采业	2.1%	1.4%	22.9%	101	20.2%	103
其他通用设备制造业	1.7%	1.2%	35.0%	63	45.4%	55
其他制造业	0.7%	0.2%	43.9%	34	52.4%	30

4.4　基于 IO-SDA 的多因素分解分析

4.4.1　劳动者报酬份额变动的 IO-SDA 模型推导

IO-SDA 是基于部门联系、产业内部、最终需求等多方面角度，对整体劳动者报酬份额变动的原因进行分解。首先要推导整体劳动者报酬份额变动的 IO-SDA 公式。根据投入产出表横向平衡关系，推导过程如式（4.2）所示。

$$
\begin{aligned}
&\boldsymbol{A}^{\mathrm{D}}\boldsymbol{X}+\boldsymbol{Y}^{\mathrm{D}}+\boldsymbol{R}^{\mathrm{D}}=\boldsymbol{X}\\
&\Rightarrow \boldsymbol{X}=(\boldsymbol{I}-\boldsymbol{A}^{\mathrm{D}})^{-1}(\boldsymbol{Y}^{\mathrm{D}}+\boldsymbol{R}^{\mathrm{D}})
\end{aligned}
\tag{4.2}
$$

其中，$\boldsymbol{A}^{\mathrm{D}}$ 表示 109×109 的直接消耗系数矩阵；$\boldsymbol{X}$ 表示 109×1 的总产出列向量；$\boldsymbol{Y}^{\mathrm{D}}$ 和 $\boldsymbol{R}^{\mathrm{D}}$ 分别表示国内最终需求和误差项向量。因此劳动者报酬总额可表示为

$$
\boldsymbol{W}=\boldsymbol{A}_{W}^{\mathrm{T}}\boldsymbol{X}=\boldsymbol{A}_{W}^{\mathrm{T}}(\boldsymbol{I}-\boldsymbol{A}^{\mathrm{D}})^{-1}(\boldsymbol{Y}^{\mathrm{D}}+\boldsymbol{R}^{\mathrm{D}})=\boldsymbol{A}_{W}^{\mathrm{T}}\boldsymbol{L}(\boldsymbol{Y}^{\mathrm{D}}+\boldsymbol{R}^{\mathrm{D}})
\tag{4.3}
$$

其中，$\boldsymbol{A}_{W}^{\mathrm{T}}$ 表示 1×109 的行向量，其元素 a_{wj} 表示第 j 部门的劳动者报酬系数，即 j 部门内部劳动者报酬与 j 部门总投入的比值 $\left(a_{wj}=w_{j}/x_{j}\right)$。所以整体劳动者报酬份额可以表示为式（4.4）。

$$
\begin{aligned}
\boldsymbol{W}/\mathrm{GDP}&=\boldsymbol{A}_{W}^{\mathrm{T}}(\boldsymbol{I}-\boldsymbol{A}^{\mathrm{D}})^{-1}(\boldsymbol{Y}^{\mathrm{D}}+\boldsymbol{R}^{\mathrm{D}})/\mathrm{GDP}\\
&=\boldsymbol{A}_{W}^{\mathrm{T}}(\boldsymbol{I}-\boldsymbol{A}^{\mathrm{D}})^{-1}\left(\boldsymbol{C}^{\mathrm{D}}+\boldsymbol{G}^{\mathrm{D}}+\boldsymbol{K}^{\mathrm{D}}+\boldsymbol{E}+\boldsymbol{R}^{\mathrm{D}}\right)/\mathrm{GDP}\\
&=\boldsymbol{A}_{W}^{\mathrm{T}}(\boldsymbol{I}-\boldsymbol{A}^{\mathrm{D}})^{-1}\frac{\left(f_{c}\overline{\boldsymbol{C}}+f_{g}\overline{\boldsymbol{G}}+f_{k}\overline{\boldsymbol{K}}+f_{e}\overline{\boldsymbol{E}}+f_{r}\overline{\boldsymbol{R}}\right)}{\mathrm{GDP}}\\
&=\boldsymbol{A}_{W}^{\mathrm{T}}\boldsymbol{L}\left(S_{c}\overline{\boldsymbol{C}}+S_{g}\overline{\boldsymbol{G}}+S_{k}\overline{\boldsymbol{K}}+S_{e}\overline{\boldsymbol{E}}+S_{r}\overline{\boldsymbol{R}}\right)
\end{aligned}
\tag{4.4}
$$

其中，$\boldsymbol{C}^{\mathrm{D}}$、$\boldsymbol{G}^{\mathrm{D}}$、$\boldsymbol{K}^{\mathrm{D}}$、$\boldsymbol{E}$、$\boldsymbol{R}^{\mathrm{D}}$ 都是 109×1 的列向量，分别表示 109 个部门在国内的居民消费、政府消费、投资、出口、误差项；$\overline{\boldsymbol{C}}$、$\overline{\boldsymbol{G}}$、$\overline{\boldsymbol{K}}$、$\overline{\boldsymbol{E}}$、$\overline{\boldsymbol{R}}$ 也是 109×1 的列向量，分别表示各部门国内居民消费占国内居民消费总量的比重、各部门国内政府消费占国内政府消费总量的比重、各部门国内投资占国内投资总量的比重、各部门出口占出口总量的比重、各部门的误差项在总误差中的比重（如 $\overline{c}_{i}=c_{i}/\sum c_{i}$）；$\boldsymbol{L}$ 表示列昂惕夫逆矩阵（$\boldsymbol{L}=(\boldsymbol{I}-\boldsymbol{A}^{\mathrm{D}})^{-1}$），可以反映部门间联系强度；$f_{c}$、$f_{g}$、$f_{k}$、$f_{e}$、$f_{r}$ 分别表示国内的居民消费总量、政府消费总量、投资总量、出口总量、误差总量；S_{c}、S_{g}、S_{k}、S_{e}、S_{r} 分别表示国内最终需求各部分的总量（包含误差项）在 GDP 中的比重（如 $S_{c}=\sum c_{i}/\mathrm{GDP}$）。

因此整体劳动者报酬份额的差额，可以分解为劳动者报酬系数变动效应（$\Delta\boldsymbol{A}_{W}^{\mathrm{T}}$）、部门间联系强度变动效应（$\Delta\boldsymbol{L}$）、最终需求各部分（含误差）占 GDP 比重的变动效应（ΔS_{c}，ΔS_{g}，ΔS_{k}，ΔS_{e}，ΔS_{r}）、居民消费的部门结构变动效

应（$\Delta\overline{C}$）、政府消费的部门结构变动效应（$\Delta\overline{G}$）、投资的部门结构变动效应（$\Delta\overline{K}$）、出口的部门结构变动效应（$\Delta\overline{E}$）、误差项变动效应（$\Delta\overline{R}$）。式（4.5）是其中一种分解形式。

$$
\begin{aligned}
\Delta\frac{W}{\text{GDP}} &= \left(\Delta A_W^{\mathrm{T}}\right)L^1\left(S_c^1\overline{C}^1 + S_g^1\overline{G}^1 + S_k^1\overline{K}^1 + S_e^1\overline{E}^1 + S_r^1\overline{R}^1\right) + \left(A_W^0\right)^{\mathrm{T}}(\Delta L) \\
&\times\left(S_c^1\overline{C}^1 + S_g^1\overline{G}^1 + S_k^1\overline{K}^1 + S_e^1\overline{E}^1 + S_r^1\overline{R}^1\right) + \left(A_W^0\right)^{\mathrm{T}}L^0 \\
&\times\left(\Delta S_c\overline{C}^1 + \Delta S_g\overline{G}^1 + \Delta S_k\overline{K}^1 + \Delta S_e\overline{E}^1 + \Delta S_r\overline{R}^1\right) + \left(A_W^0\right)^{\mathrm{T}}L^0 S_c^0\left(\Delta\overline{C}\right) \\
&+ \left(A_W^0\right)^{\mathrm{T}}L^0 S_g^0\left(\Delta\overline{G}\right) + \left(A_W^0\right)^{\mathrm{T}}L^0 S_k^0\left(\Delta\overline{K}\right) + \left(A_W^0\right)^{\mathrm{T}}L^0 S_e^0\left(\Delta\overline{E}\right) + \left(A_W^0\right)^{\mathrm{T}}L^0 S_r^0\left(\Delta\overline{R}\right)
\end{aligned}
$$

$$(4.5)$$

其中，上标 1 表示报告期；上标 0 表示基期。在应用结构分解法时，Dietzenbacher 和 Los（1998）指出当有 n 个影响因子时，就会有 $n!$ 种等价分解形式。本节研究中有 8 个影响因子，但后面 5 个部门结构因子是相加的关系，所以共有 4!×5=120 种分解形式，计算平均数十分复杂。但是 de Haan（2001）指出两个"镜像"分解形式的平均数和 $n!$ 种分解形式得到的平均数非常接近。因此为了计算简便，本节采用 Dietzenbacher 和 Los（1998）提出的"两极分解法"。式（4.5）对应的"镜像"分解形式见式（4.6）。

$$
\begin{aligned}
\Delta\frac{W}{\text{GDP}} &= \left(\Delta A_W^{\mathrm{T}}\right)L^0\left(S_c^0\overline{C}^0 + S_g^0\overline{G}^0 + S_k^0\overline{K}^0 + S_e^0\overline{E}^0 + S_r^0\overline{R}^0\right) + \left(A_W^1\right)^{\mathrm{T}}(\Delta L) \\
&\times\left(S_c^0\overline{C}^0 + S_g^0\overline{G}^0 + S_k^0\overline{K}^0 + S_e^0\overline{E}^0 + S_r^0\overline{R}^0\right) + \left(A_W^1\right)^{\mathrm{T}}L^1 \\
&\times\left(\Delta S_c\overline{C}^0 + \Delta S_g\overline{G}^0 + \Delta S_k\overline{K}^0 + \Delta S_e\overline{E}^0 + \Delta S_r\overline{R}^0\right) + \left(A_W^1\right)^{\mathrm{T}}L^1 S_c^1\left(\Delta\overline{C}\right) \\
&+ \left(A_W^1\right)^{\mathrm{T}}L^1 S_g^1\left(\Delta\overline{G}\right) + \left(A_W^1\right)^{\mathrm{T}}L^1 S_k^1\left(\Delta\overline{K}\right) + \left(A_W^1\right)^{\mathrm{T}}L^1 S_e^1\left(\Delta\overline{E}\right) + \left(A_W^1\right)^{\mathrm{T}}L^1 S_r^1\left(\Delta\overline{R}\right)
\end{aligned}
$$

$$(4.6)$$

因此计算式（4.5）和式（4.6）的平均值，即两个"镜像"分解形式的平均数，可以近似代替 4!×5=120 种分解形式的平均数，从而可以计算出 8 个影响因素对整体劳动者报酬份额影响的贡献。8 个影响因素的变动效应计算公式如下。

劳动者报酬系数变动效应为

$$
\begin{aligned}
E\left(A_W^{\mathrm{T}}\right) &= \frac{1}{2}\Delta A_W^{\mathrm{T}}\left[L^1\left(S_c^1\overline{C}^1 + S_g^1\overline{G}^1 + S_k^1\overline{K}^1 + S_e^1\overline{E}^1 + S_r^1\overline{R}^1\right)\right. \\
&\left.+ L^0\left(S_c^0\overline{C}^0 + S_g^0\overline{G}^0 + S_k^0\overline{K}^0 + S_e^0\overline{E}^0 + S_r^0\overline{R}^0\right)\right]
\end{aligned}
$$

部门间联系强度变动效应为

$$E\left(\boldsymbol{L}\right)=\frac{1}{2}\Delta\boldsymbol{L}\bigg[\left(A_W^0\right)^{\mathrm{T}}\left(S_c^1\overline{\boldsymbol{C}}^1+S_g^1\overline{\boldsymbol{G}}^1+S_k^1\overline{\boldsymbol{K}}^1+S_e^1\overline{\boldsymbol{E}}^1+S_r^1\overline{\boldsymbol{R}}^1\right)$$
$$+\left(A_W^1\right)^{\mathrm{T}}\left(S_c^0\overline{\boldsymbol{C}}^0+S_g^0\overline{\boldsymbol{G}}^0+S_k^0\overline{\boldsymbol{K}}^0+S_e^0\overline{\boldsymbol{E}}^0+S_r^0\overline{\boldsymbol{R}}^0\right)\bigg]$$

最终需求各部分（含误差）占 GDP 比重的变动效应为

$$E\left(S_c,S_g,S_k,S_e,S_r\right)=\frac{1}{2}\bigg[\left(A_W^0\right)^{\mathrm{T}}\boldsymbol{L}^0\left(\Delta S_c\overline{\boldsymbol{C}}^1+\Delta S_g\overline{\boldsymbol{G}}^1+\Delta S_k\overline{\boldsymbol{K}}^1+\Delta S_e\overline{\boldsymbol{E}}^1+\Delta S_r\overline{\boldsymbol{R}}^1\right)$$
$$+\left(A_W^1\right)^{\mathrm{T}}\boldsymbol{L}^1\left(\Delta S_c\overline{\boldsymbol{C}}^0+\Delta S_g\overline{\boldsymbol{G}}^0+\Delta S_k\overline{\boldsymbol{K}}^0+\Delta S_e\overline{\boldsymbol{E}}^0+\Delta S_r\overline{\boldsymbol{R}}^0\right)\bigg]$$

居民消费的部门结构变动效应为 $E\left(\overline{\boldsymbol{C}}\right)=\frac{1}{2}\Delta\overline{\boldsymbol{C}}\bigg[\left(A_W^0\right)^{\mathrm{T}}\boldsymbol{L}^0S_c^0+\left(A_W^1\right)^{\mathrm{T}}\boldsymbol{L}^1S_c^1\bigg]$

政府消费的部门结构变动效应为 $E\left(\overline{\boldsymbol{G}}\right)=\frac{1}{2}\Delta\overline{\boldsymbol{G}}\bigg[\left(A_W^0\right)^{\mathrm{T}}\boldsymbol{L}^0S_g^0+\left(A_W^1\right)^{\mathrm{T}}\boldsymbol{L}^1S_g^1\bigg]$

投资的部门结构变动效应为 $E\left(\overline{\boldsymbol{K}}\right)=\frac{1}{2}\Delta\overline{\boldsymbol{K}}\bigg[\left(A_W^0\right)^{\mathrm{T}}\boldsymbol{L}^0S_k^0+\left(A_W^1\right)^{\mathrm{T}}\boldsymbol{L}^1S_k^1\bigg]$

出口的部门结构变动效应为 $E\left(\overline{\boldsymbol{E}}\right)=\frac{1}{2}\Delta\overline{\boldsymbol{E}}\bigg[\left(A_W^0\right)^{\mathrm{T}}\boldsymbol{L}^0S_e^0+\left(A_W^1\right)^{\mathrm{T}}\boldsymbol{L}^1S_e^1\bigg]$

误差项变动效应为 $E\left(\overline{\boldsymbol{R}}\right)=\frac{1}{2}\Delta\overline{\boldsymbol{R}}\bigg[\left(A_W^0\right)^{\mathrm{T}}\boldsymbol{L}^0S_r^0+\left(A_W^1\right)^{\mathrm{T}}\boldsymbol{L}^1S_r^1\bigg]$

4.4.2　实证结果分析

根据推导的 IO-SDA 模型，分别对 2002~2007 年、2007~2012 年和 2002~2012 年中国劳动者报酬份额变化的影响因素进行分解。根据表 4.8 的 IO-SDA 结果，比较各因素的影响程度及贡献率，发现如下。

第一，中国整体劳动者报酬份额在 2002~2007 年下降及 2007~2012 年大幅上升的最重要的驱动因素都是产业部门内部的劳动者报酬系数变动效应。实质上，这与因素分解中部门内部劳动者报酬份额变动是主因的结论一致。2002~2007 年产业部门内部劳动者报酬系数的变动，使整体劳动者报酬份额下降了 6.0 个百分点，贡献率为 118.8%。2007~2012 年产业部门内部劳动者报酬系数的变动，使整体劳动者报酬份额上升了 8.4 个百分点，贡献率为 107.1%。因此中国整体劳动者报酬份额（功能性收入分配）在 2002~2012 年发生变化，主要影响因素是产业部门内部的劳动者报酬系数变动效应。

表 4.8 劳动者报酬份额变动的 IO-SDA 计算结果

因素变动效应	2002~2007 年		2007~2012 年		2002~2012 年	
	劳动者报酬份额变化值/百分点	贡献率	劳动者报酬份额变化值/百分点	贡献率	劳动者报酬份额变化值/百分点	贡献率
劳动者报酬系数变动效应	−6.0	118.8%	8.4	107.1%	2.4	85.7%
部门间联系强度变动效应	2.2	−44.3%	1.3	16.1%	3.2	114.3%
最终需求各部分（含误差）占 GDP 比重的变动效应	0.7	−13.1%	−1.1	−14.2%	−0.3	−10.7%
居民消费的部门结构变动效应	−1.4	27.8%	−0.3	−4.0%	−1.7	−60.7%
政府消费的部门结构变动效应	−0.2	3.1%	−0.1	−1.7%	−0.2	−7.1%
投资的部门结构变动效应	−0.2	3.8%	0.2	2.0%	−0.2	−7.1%
出口的部门结构变动效应	−0.6	11.7%	−0.1	−1.1%	−0.5	−17.9%
误差项变动效应	0.4	−7.8%	−0.3	−4.3%	0.1	3.6%
合计	−5.0	100.0%	7.8	100.0%	2.8	100.0%

注：受"四舍五入"修约影响，各因素变动效应之和与理论上的"合计"值略有差异

第二，从中间流量角度，即部门间联系强度变动效应角度分析。虽然2002~2007 年中国整体劳动者报酬份额在下降，但是部门间联系强度的变动，使劳动者报酬份额回升了 2.2 个百分点（表 4.8），减小了整体劳动者报酬份额的下降幅度。2007~2012 年部门间联系强度的变动，使整体劳动者报酬份额上升了 1.3 个百分点，贡献率为16.1%。说明短期内加强部门间联系强度对劳动者报酬份额的提高会产生一些积极作用。从长期来看，在 2002~2012 年整体劳动者报酬份额上升的 2.8 个百分点中，部门间联系强度变动效应的贡献率最大，为114.3%。这说明 2002~2012 年产业部门联系强度变动的影响效应一直是正向的，且长期比短期更显著。

第三，从最终需求角度分析。最终需求各部分（含误差项）占 GDP 比重的变动效应，在 2002~2007 年对整体劳动者报酬份额起到正向拉动作用，在 2007~2012 年产生了负向抑制作用，而两个时期的居民消费的部门结构变动效应、政府消费的部门结构变动效应和出口的部门结构变动效应都使整体劳动者报酬份额有所下降。而且相比较于 2002~2007 年，2007~2012 年消费、投资、出口的部门结构变动效应对整体劳动者报酬份额影响的贡献率都在减小，同时两个时期的误差项变动对整体劳动者报酬份额变化的解释贡献率分别为−7.8%和−4.3%，这也需要考虑在内。

第四，从消费的部门结构变动角度分析。2002~2012 年居民消费的部门结构变动效应、政府消费的部门结构变动效应对整体劳动者报酬份额的提升一直都是负向影响。由于居民消费的部门结构变动效应影响贡献更大，而政府消费的部门

结构变动效应影响较小,所以这里主要分析居民消费的部门结构变化特点。我们不难发现,2002～2012 年居民国内消费品的构成中,农业产品、畜牧业产品、渔业产品、餐饮业产品等食品相关类,以及教育事业相关类产品的消费比重明显减少(表 4.9),而这些部门的内部劳动者报酬份额普遍很高。相反,随着生活水平的不断提高,居民在房地产业、金融业、信息传输服务业、保险业等服务业,以及燃气等方面的消费越来越多。从表 4.9 可以看出,这种类型的产业部门内部劳动者报酬份额都相对较低,大部分低于 50%。也就是说,2002～2012 年居民消费比重减少较多的,多为内部劳动者报酬份额很高的产业部门;消费比重增加较多的,多为内部劳动者报酬份额偏低的产业部门。根据这个变化特点,我们可以对2002～2012 年居民消费的部门结构变动效应抑制了整体劳动者报酬份额的提升做出较合理的解释。

表 4.9　居民国内消费比重变化较大的主要部门及其劳动者报酬份额水平

部门	居民消费比重			劳动者报酬份额		
	2002 年	2007 年	2012 年	2002 年	2007 年	2012 年
消费比重减少部门						
农业	9.3%	5.5%	4.5%	92.7%	94.7%	101.8%
畜牧业	8.4%	4.5%	4.1%	92.6%	95.0%	100.2%
餐饮业	6.2%	6.0%	5.4%	19.6%	23.2%	70.0%
教育事业	5.5%	4.6%	3.5%	79.4%	78.4%	85.8%
渔业	2.8%	1.6%	1.6%	92.7%	95.0%	100.4%
消费比重增加部门						
房地产业	8.7%	8.1%	10.8%	20.1%	10.9%	12.4%
金融业	2.6%	3.0%	3.5%	29.0%	22.4%	29.3%
信息传输服务业	1.8%	2.9%	3.0%	18.4%	13.3%	18.9%
保险业	0.3%	1.4%	1.5%	33.1%	63.8%	58.5%
燃气生产和供应业	0.3%	0.4%	0.7%	26.2%	41.9%	28.5%

第五,从出口的部门结构变动角度分析。与消费类似,2002～2012 年出口的部门结构变动效应对劳动者报酬份额的提升也一直是负向影响。如表 4.10 所示,2002～2012 年以针织品、编织品及其制品制造业,皮革、毛皮、羽毛(绒)及其制品业,棉、化纤纺织及印染精加工业,毛纺织和染整精加工业,以及麻纺织、丝绢纺织及精加工业等为代表的劳动密集型部门,出口比重明显减少;相反,以电子计算机制造业、其他电气机械及器材制造业、电子元器件制造业、通信设备

制造业、汽车制造业为代表的资本密集型部门，出口比重明显增加。由此可以发现，2002～2012 年出口与居民消费的部门结构变化具有相似的特点。出口比重减少较多的，多为内部劳动者报酬份额较高的产业部门；出口比重增加较多的，多为内部劳动者报酬份额较低的产业部门。所以，出口的这种部门结构变动特点会阻碍整体劳动者报酬份额的提升。

表 4.10　出口比重变化较大的主要部门及其劳动者报酬份额水平

部门	出口比重			劳动者报酬份额		
	2002 年	2007 年	2012 年	2002 年	2007 年	2012 年
出口比重减少部门						
针织品、编织品及其制品制造业	4.6%	4.9%	0.5%	49.5%	45.1%	47.6%
皮革、毛皮、羽毛（绒）及其制品业	3.5%	2.0%	1.2%	44.2%	42.3%	50.0%
棉、化纤纺织及印染精加工业	2.6%	1.8%	1.5%	45.8%	34.8%	48.7%
毛纺织和染整精加工业	0.3%	0.2%	0.1%	32.3%	28.1%	36.3%
麻纺织、丝绢纺织及精加工业	0.3%	0.2%	0.1%	45.7%	40.0%	49.8%
出口比重增加部门						
电子计算机制造业	5.5%	9.7%	8.0%	33.1%	29.0%	48.2%
其他电气机械及器材制造业	4.4%	4.2%	5.3%	43.5%	27.3%	39.4%
电子元器件制造业	2.6%	4.2%	5.5%	40.7%	36.3%	52.1%
通信设备制造业	2.5%	5.0%	6.0%	24.6%	37.7%	64.5%
汽车制造业	0.6%	1.7%	1.7%	34.0%	35.8%	40.9%

第六，从投资的部门结构变动角度分析。投资部门结构的变动使整体劳动者报酬份额在 2002～2007 年下降 0.2 个百分点，在 2007～2012 年又使其回升了 0.2 个百分点，但投资的部门结构变动并没有消费和出口那样明显的特点。

综上所述，通过 IO-SDA 可以发现，产业部门内部效应是中国劳动者报酬份额（功能性收入分配）在 2002～2012 年变动的主要原因。此外消费、投资、出口的部门结构、产业部门联系强度、最终需求结构及产业结构的变动也会对功能性收入分配格局产生不同程度的影响。因此从产业内部来说，应使劳动和资本收入的分配比例更加合理，随着产业结构的优化升级，劳动生产率的不断提高，相应的劳动力成本也会逐步上升，劳动者报酬在各部门总投入中的比重自然会得到提升。另外，调整产业结构，大力发展第三产业，促进产业部门之间长期合作联系，优化最终需求结构，调整消费、出口、投资的部门结构，也会对劳动者报酬份额（功能性）的提升产生直接或间接的影响。

4.5　个人收入差异的分位数回归

4.5.1　分位数回归的思想与优势

根据第 2 章对规模性收入分配状况的分析可知，中国居民收入分布为右偏分布，而且存在少数极高收入的极端值。传统普通最小二乘（ordinary least square，OLS）法回归采用均值回归，分析的是 X 对 $E(Y|X)$ 的影响，易受极端值的影响使得估计结果不准确，若删除部分尾部的高收入数据，又会对分析结果造成一定偏差。分位数回归可以弥补这个缺陷，不同于样本均值，样本分位数不受数据极端值的影响，而且选取不同分位数，还可以比较不同收入水平上影响程度的差异。基于以上原因，采取 OLS 与分位数回归相结合的方法。

在线性分位数回归模型中，假设条件分布 $Y|X$ 的总体 q 分位数是关于解释变量 X 的线性函数。不同于 OLS 使 $\sum e_i^2$ 最小化，分位数回归的最小化目标函数是残差绝对值的加权平均，也就是使式（4.7）达到最小化求得 $\hat{\beta}_q$。

$$\sum_{y_i \geqslant x_i' \hat{\beta}_q} q \left| y_i - x_i' \hat{\beta}_q \right| + \sum_{y_i < x_i' \hat{\beta}_q} (1-q) \left| y_i - x_i' \hat{\beta}_q \right| \tag{4.7}$$

4.5.2　分位数回归与检验

根据分位数回归模型，以个人年收入的对数为被解释变量。以表 4.2 中年龄、学历、政治面貌、性别、劳动合同性质、城乡因素、地区因素分别对应的 13 个变量为解释变量，建立线性分位数回归模型（4.8）。

$$Q_q \left(\ln \text{income} \mid \text{age}, \text{age2}, \text{yan}, \text{ben}, \text{zhuan}, \text{dang}, \text{male}, \text{chang}, \text{duan}, \text{gu}, \text{urban}, \text{east}, \text{mid} \right)$$
$$= \beta_q^0 + \beta_q^1 \text{age} + \beta_q^2 \text{age2} + \beta_q^3 \text{yan} + \beta_q^4 \text{ben} + \beta_q^5 \text{zhuan} + \beta_q^6 \text{dang} + \beta_q^7 \text{male} + \beta_q^8 \text{chang} +$$
$$\beta_q^9 \text{duan} + \beta_q^{10} \text{gu} + \beta_q^{11} \text{urban} + \beta_q^{12} \text{east} + \beta_q^{13} \text{mid} + \mu_q$$

$$\tag{4.8}$$

其中，下标 q 代表分位数的不同取值。

得到的 OLS 和分位数回归结果，见表 4.11。整体上来看，除了党员身份"dang"在每个分位点上都不显著，以及地区因素中的中部地区"mid"在 0.25、0.50、0.75、0.90 分位数上不显著以外，其他所有变量，在各分位数上都是统计显著的。说明这些因素对个人收入都产生显著影响，而且对不同收入群体的影响有差异。

表 4.11   个人年收入对数的 OLS 和分位数回归结果

变量	OLS	分位数				
		0.10	0.25	0.50	0.75	0.90
年龄	0.058***	0.091***	0.069***	0.051***	0.047***	0.046***
	(19.600)	(13.730)	(19.950)	(21.050)	(20.200)	(15.750)
年龄的平方	−0.001***	−0.001***	−0.001***	−0.001***	−0.001***	−0.001***
	(−22.000)	(−15.610)	(−23.280)	(−24.540)	(−22.430)	(−16.960)
研究生学历	0.605***	0.592***	0.589***	0.587***	0.609***	0.729***
	(12.030)	(4.590)	(8.710)	(12.510)	(13.340)	(12.730)
本科学历	0.312***	0.315***	0.253***	0.251***	0.342***	0.367***
	(16.750)	(6.320)	(9.670)	(13.830)	(19.360)	(16.570)
大专学历	0.165***	0.182***	0.146***	0.141***	0.191***	0.212***
	(10.110)	(4.180)	(6.400)	(8.950)	(12.450)	(10.980)
党员	−0.009	−0.040	−0.038	0.022	0.021	0.012
	(−0.560)	(−0.980)	(−1.770)	(1.500)	(1.490)	(0.650)
性别 （男性＝1）	0.318***	0.369***	0.320***	0.277***	0.274***	0.292***
	(31.050)	(14.370)	(23.760)	(29.660)	(30.170)	(25.600)
长期合同	0.423***	0.791***	0.496***	0.334***	0.286***	0.292***
	(30.430)	(20.890)	(25.010)	(24.260)	(21.350)	(17.370)
短期合同	0.232***	0.581***	0.312***	0.161***	0.098***	0.088***
	(19.050)	(17.600)	(18.070)	(13.400)	(8.420)	(5.980)
固定合同	0.471***	0.824***	0.569***	0.407***	0.322***	0.288***
	(25.370)	(17.180)	(22.660)	(23.320)	(18.960)	(13.510)
城乡 （城市=1）	0.140***	0.197***	0.113***	0.105***	0.115***	0.146***
	(11.780)	(6.490)	(7.110)	(9.560)	(10.710)	(10.870)
东部地区	0.249***	0.372***	0.269***	0.204***	0.164***	0.161***
	(19.080)	(11.370)	(15.700)	(17.190)	(14.170)	(11.090)
中部地区	0.039**	0.087**	0.016	0.017	0.021	0.008
	(2.860)	(2.650)	(0.930)	(1.380)	(1.760)	(0.550)
常数项	8.533***	6.845***	8.066***	8.881***	9.236***	9.492***
	(153.560)	(52.810)	(118.780)	(188.370)	(201.380)	(164.950)

注：括号内的数表示 t 统计量

、*分别代表在 0.010、0.001 的显著性水平下显著

为了进一步检验在不同分位点上各影响因素的斜率系数是否一致，利用 Stata 软件进行 Wald 检验。检验结果的 p 值（表 4.12）小于 0.05，说明各因素对个体收入分配的影响，在不同分位点上是显著有差异的。

表 4.12　不同分位点系数一致性的 Wald 检验结果

指标	结果
$F_{(52,\ 22\ 181)}$	34.32
$p > F$	0

4.5.3　个体影响因素的实证结果分析

从个体影响因素来分析，观察表 4.11 的分位数回归结果有如下发现。

第一，年龄因素在每个分位数上都是显著的，而且年龄的平方前的系数都显著为负，这说明对不同收入群体而言，个人年收入的对数与年龄都呈倒 "U" 形关系。这与实际情况是符合的，无论对于哪个收入群体，年龄和工作经验都会影响个人的收入。一般刚开始工作时经验较少，工资普遍偏低，后来经验不断丰富，收入自然逐步提高，但达到一个峰值后，随着年龄的增加，个人工资收入或经营收入逐渐稳定甚至下降，而且这种现象在各个收入群体都存在。

第二，从性别因素来看，实证表明性别虚拟变量对应的系数在每个分位数上都是显著为正的，说明在各个收入水平下男性收入都显著高于女性收入。在 0.10、0.50、0.90 分位数上，性别虚拟变量前的系数分别为 0.369、0.277、0.292。由于被解释变量是个人收入的对数，需要经过换算后解释性别收入差距的大小。换算后的结果表明，同等条件下，低、中、高等收入水平的男性收入比女性平均高出 44.6%、31.9%、33.9%。低收入群体的性别收入差距最大，原因可能为低收入群体一般文化程度不高，多从事体力劳动，而男性在体力上比较占优势，体力劳动中性别歧视比较严重，导致低收入段的女性收入普遍低于男性。因此低收入女性群体应适当提高教育水平，转变职业角色，进而提高收入水平。同时，高收入段性别收入差距有所扩大，可能是因为高收入段以决策管理层居多，通常男性在领导决策方面更有优势，所以收入普遍更高。

第三，从学历因素来看，随分位数递增，学历因素三个虚拟变量前的系数都呈现先减小后增大的特点，而且都在 0.9 分位数处达到最大。这说明学历对低、高等收入群体的个人收入影响程度较大，尤其是对于高收入人群，学历对个人收入差异有很大影响。从数量上看，经过换算，在中等收入人群（0.5 分位数）中，大专、本科和研究生学历比同等条件下的高中及以下学历人群的平均收入分别高出 15.1%、28.5%、79.9%；在低收入人群（0.10 分位数）中，大专、本科和研究生学历比同等条件下的高中及以下学历人群的收入分别平均高出 20.0%、37.0%、80.8%；在高收入人群（0.90 分位数）中，大专、本科和研究生学历比同等条件下的高中及以下学历人群的平均收入分别高出 23.6%、44.3%、107.3%。这说明学历越高收入普遍越高，尤其对低、高收入人群影响较大。因为对于高收入群体，从事相关脑力劳动比较多，提高学历可以增加获取更多知识的机会，提高自身竞争力，更有利于收入的增加。然而，对于相对收入水平较低的地区，增加教育投资，接受更高等的教育，可以促进职业转型，意味着有更多就业机会和选择，进而增加收入，减小收入差距。

第四，政治面貌的影响效应并不显著。对于政治面貌的差异是否会影响收入，目前研究也有所差异。有研究证明政治面貌对收入有影响（宁光杰，2014），但本章实证发现党员身份对每个收入群体的个人收入差异都无显著影响，这可能是因为数据质量不同，或模型、变量的选择不同，导致结论有差异。

4.5.4 社会影响因素的实证结果分析

从社会影响因素来分析，观察表 4.11 的回归结果有如下发现。

第一，城乡因素依然是个体收入分配差异的重要影响因素，而且对不同收入群体的影响有显著异质性。经过换算，在 0.10、0.25、0.50、0.75、0.90 分位数上，同等条件下的城市个人年收入比农村个人年收入分别平均高出 21.8%、12.0%、11.1%、12.2%、15.7%。个体收入分配的城乡差异在首尾，即 0.10 和 0.90 分位数上较大，这说明城乡收入差距在低、高收入段群体中最明显。城市高收入段群体占比较大，而且存在极高收入，而农村的低收入段群体占比偏大，表现出规模性收入分配格局失衡的局面。因此重点应调节城市过高收入，继续实行惠农政策，增加农村低收入者的收入，缩小城乡收入差距。

第二，劳动合同性质会影响个人收入。随着分位数的增加，长期合同、短期合同、固定合同虚拟变量对收入的影响系数都呈现下降趋势，而且在各个收入水平上，同等条件下的固定合同工（包括公务员、事业单位在编人员）、长期合同工、短期合同工，以及没有合同的员工的个人收入依次递减。经过换算，相比于没有合同的员工，在 0.10 分位数上，同等条件下的短期合同工、长期合同工、固定合同工的个人平均收入分别高出 78.8%、120.6%、128.0%；在 0.50 分位数上，同等条件下的短期合同工、长期合同工、固定合同工的个人平均收入分别高出 17.5%、40.0%、50.2%；在 0.90 分位数上，同等条件下的短期合同工、长期合同工、固定合同工的个人平均收入分别高出 9.2%、33.9%、33.4%。由此可以看到劳动合同性质引起的收入差距对低收入群体影响最大。因为一般情况下，没有订立劳动合同、打零工或短期工的普遍是收入来源没有保障、收入水平较低的居民，雇主给这部分人的工资普遍较低；而公务员、事业单位在编人员等固定合同工，以及长期合同工，收入来源相对来说比较稳定，而且劳动者与企业的谈判能力更强。固定合同工或长期合同工，相对于没有合同的员工、临时工或短期工来说，其收入普遍更高。

第三，个体收入分配的地区差异，主要体现在东、西部差距大，且在每个分位数上都很显著。经过换算，在 0.10、0.25、0.50、0.75、0.90 分位数上，同等条件下东部比西部的个人年收入平均高出 45.10%、30.90%、22.60%、17.80%、17.50%，这说明东、西部收入差距在低收入段更大，而中、西部地区的个体收入差距只在少数低收入群体（0.10 分位数）中比较显著。所以地区经济的发展水平会显著影响个体收入分配。近些年西部地区经济得到较快发展，"西部大开发"战略不仅有利于发展西部偏远地区经济，也有利于减小规模性收入分配的地区差距。但是相对于中部和东部地区，西部地区低收入群体的收入水平过低，所以应持续关注西部地区低收入群体的增收工作

综上所述，对于不同收入水平的群体，个体收入分配（规模性）影响因素表现出一些共性，但也存在一些差异。在以上分析的基础上，进一步做出每个变量的回归系数随分位数变化的趋势图（图 4.2）。直观上，在分位数较小的位置，性别、劳动合同性质、学历、城乡、地区因素对应的变量系数都比较大，这说明低收入段的个体收入分配受这些因素的影响较大。然而，在分位数较大的位置，除了学历和城乡因素，其他因素的影响系数都比较小，这说明高收入人群的收入差异可能还会受到其他复杂因素的影响。因此，对于较低收入的女性，应通过再教育等方式积极转变职业角色，增加收入水平，减小性别收入差距。政府应重点关注西部偏远农村的经济发展，增加低收入人群的收入。另外，订立劳动合同，提高维权意识，对于增加低收入人群的收入也有帮助。对于较高收入人群，学历和城乡因素导致的收入差距较大。学历在一定程度上是个人能力的体现，个人或家庭应重视教育投资，提高学历，提升自身竞争力，进而增加收入。同时，政府应充分发挥再分配的作用，通过转移支付、税收等措施进一步缩小个体收入差距。

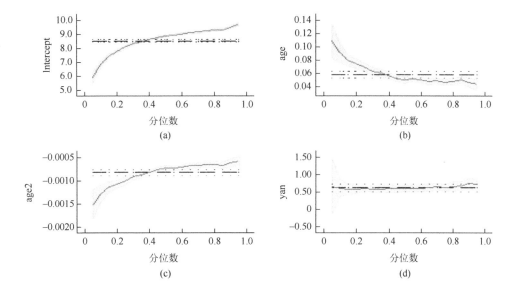

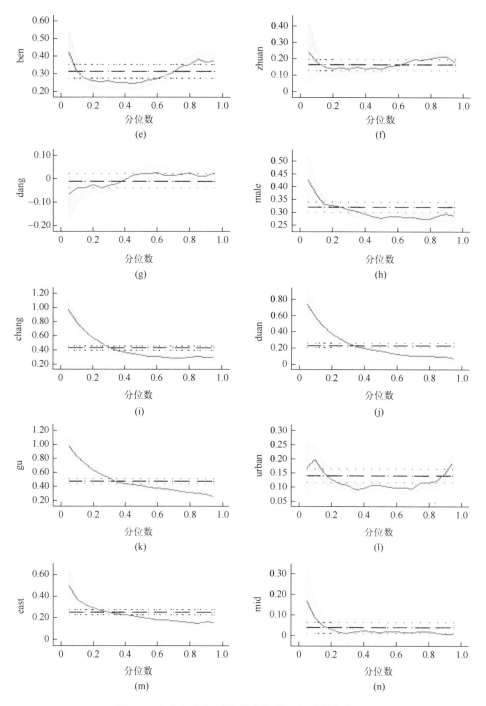

图 4.2　个人年收入对数的分位数回归系数变化图

纵轴各变量代码解释详见表 4.2，其中 Intercept 为截距项

4.6　总　　结

功能性收入分配（要素收入分配）与规模性收入分配（个体或家庭收入分配）是两种不同的分配形式，而且功能性收入分配对规模性收入分配起决定性影响。本章基于功能性与规模性视角，分析 2002 年以来中国收入分配状况及其变化，并对两种分配的联系和影响因素进行分析，得到以下主要结论。

第一，通过 SDA，得出的一致结论是：中国整体劳动者报酬份额（功能性收入分配）在 2002～2012 年发生变化，最主要的驱动因素是产业部门内部劳动者报酬份额的变动效应。此外，产业部门联系强度、最终需求结构、消费、投资、出口的部门结构、产业结构等的变动会对功能性收入分配格局产生不同程度的影响。而且相比于 2002～2007 年，2007～2012 年产业结构变动效应的拉动作用在减弱；2002～2012 年产业部门联系强度变动的影响效应一直是正向的，且长期比短期更显著；消费与出口的部门结构变动特点和影响机制相似，阻碍了 2002～2012 年中国整体劳动者报酬份额的提升。

第二，功能性收入分配是规模性收入分配的决定因素，但最终个体收入分配（规模性）又会因年龄、学历、政治面貌、性别、劳动合同性质、城乡因素、地区因素等而产生差距。实证分析发现，不同群体收入差异的影响因素表现出一些共性，但也存在一些差异。各收入群体个人收入与年龄都呈倒"U"形关系；性别、城乡、地区因素对低收入段群体的收入差距影响较大；学历和城乡因素对高收入段群体的收入差距影响较大；订立劳动合同，尤其是长期或固定合同，对于维护低收入群体利益、提高低收入群体的劳动收入具有重要意义。

参 考 文 献

白重恩，钱震杰. 2009. 国民收入的要素分配：统计数据背后的故事. 经济研究，44（3）：27-41.

白重恩，钱震杰. 2010. 劳动收入份额决定因素：来自中国省际面板数据的证据. 世界经济，33（12）：3-27.

葛成，刘震. 2010. 我国城镇居民收入结构变化与刺激消费的政策选择. 经济学动态，（4）：70-72.

胡秋阳. 2016. 产业分工与劳动报酬份额. 经济研究，51（2）：82-96.

蒋含明. 2016. 要素市场扭曲如何影响我国城镇居民收入分配？——基于 CHIP 微观数据的实证研究. 南开经济研究，（5）：132-144，153.

吕光明，李莹. 2015. 中国劳动报酬占比变动的统计测算与结构解析. 统计研究，32（8）：46-53.

宁光杰. 2014. 居民财产性收入差距：能力差异还是制度阻碍？——来自中国家庭金融调查的证据. 经济研究，49（S1）：102-115.

孙文杰. 2012. 中国劳动报酬份额的演变趋势及其原因——基于最终需求和技术效率的视角. 经济研究，47（5）：120-131.

伍山林. 2011. 劳动收入份额决定机制：一个微观模型. 经济研究，46（9）：55-68.

杨耀武,杨澄宇. 2015. 中国基尼系数是否真地下降了？——基于微观数据的基尼系数区间估计. 经济研究,50(3)：
　　75-86.

章上峰, 许冰. 2010. 初次分配中劳动报酬比重测算方法研究. 统计研究, 27（8）：74-78.

章上峰, 许冰, 胡祖光. 2009. 中国城乡收入分布动态演进及经验检验. 统计研究, 26（12）：32-40.

Bentolila S，Saint-Paul G. 1998. Explaining movements in the labour share. CEPR Discussion Papers 1958.

de Haan M. 2001. A structural decomposition analysis of pollution in the Netherlands. Economic Systems Research,
　　13（2）：181-196.

Dietzenbacher E，Los B. 1998. Structural decomposition techniques: sense and sensitivity. Economic Systems Research,
　　10（4）：307-324.

Gollin D. 2002. Getting income shares right. Journal of Political Economy，110（2）：458-474.

Kristal T. 2010. Good times，bad times: postwar labor's share of national income in capitalist democracies. American
　　Sociological Review，75（5）：729-763.

Kristal T. 2013. Slicing the pie: state policy，class organization，class integration，and labor's share of Israeli national
　　income. Social Problems，60（1）：100-127.

Melly B. 2005. Public-private sector wage differentials in Germany: evidence from quantile regression. Empirical
　　Economics，30（2）：505-520.

Su B W，Heshmati A. 2013. Analysis of the determinants of income and income gap between urban and rural China. China
　　Economic Policy Review，2（1）：1350002.

附　　录

附录 1　扩展的列昂惕夫逆矩阵 $L^* = (I - A^*)^{-1}$ 表达式的推导

假设矩阵 $I - A^* = \begin{bmatrix} I - A & -C \\ -V & I \end{bmatrix}$ 的逆矩阵为 $L^* = \begin{bmatrix} L_{11}^* & L_{12}^* \\ L_{21}^* & L_{22}^* \end{bmatrix}$，其分块方式与 $I - A^*$ 相同。则

$$\begin{bmatrix} I - A & -C \\ -V & I \end{bmatrix}\begin{bmatrix} L_{11}^* & L_{12}^* \\ L_{21}^* & L_{22}^* \end{bmatrix} = \begin{bmatrix} I & 0 \\ 0 & I \end{bmatrix}$$

从上面的等式中可以得到以下矩阵方程。

$$(I - A)L_{11}^* - CL_{21}^* = I \tag{1}$$

$$(I - A)L_{12}^* - CL_{22}^* = 0 \tag{2}$$

$$-VL_{11}^* + L_{21}^* = 0 \tag{3}$$

$$-VL_{12}^* + L_{22}^* = I \tag{4}$$

由式（1）得 $L_{11}^* = (I - A)^{-1}(I + CL_{21}^*)$。将其带入式（A3）得

$$L_{21}^* = [I - V(I - A)^{-1}C]^{-1}V(I - A)^{-1} \tag{5}$$

将式（5）带入式（A1）得

$$L_{11}^* = (I - A)^{-1}\left\{I + C[I - V(I - A)^{-1}C]^{-1}V(I - A)^{-1}\right\} \tag{6}$$

解方程（2）和方程（4）得

$$L_{22}^* = [I - V(I - A)^{-1}C]^{-1} \tag{7}$$

$$L_{12}^* = (I - A)^{-1}C[I - V(I - A)^{-1}C]^{-1}$$

令 $L = (I - A)^{-1}$，可得到扩展的列昂惕夫逆矩阵 $L^* = (I - A^*)^{-1}$ 的如下表达式。

$$L^* = \begin{bmatrix} L_{11}^* & L_{12}^* \\ L_{21}^* & L_{22}^* \end{bmatrix} = \begin{bmatrix} L[I + C(I - VLC)^{-1}VL] & LC(I - VLC)^{-1} \\ (I - VLC)^{-1}VL & (I - VLC)^{-1} \end{bmatrix}$$

附录 2　劳动者报酬增长分解方程

对于开模型中劳动者报酬增长的分解，按顺序 $\lambda \to A \to \bar{c} \to \bar{g} \to b \to \alpha$ 进行分解得

$$\frac{w^1}{w^0} = \frac{\lambda^1 \hat{b}^1 L^1 \left[\alpha^1 \overline{c}^1 + \left(1-\alpha^1\right)\overline{g}^1\right]}{\lambda^0 \hat{b}^0 L^0 \left[\alpha^0 \overline{c}^0 + \left(1-\alpha^0\right)\overline{g}^0\right]} = \frac{\lambda^1 i}{\lambda^0 i} \tag{8a}$$

$$\times \frac{\lambda^0 \hat{b}^1 L^1 \left[\alpha^1 \overline{c}^1 + \left(1-\alpha^1\right)\overline{g}^1\right]}{\lambda^0 \hat{b}^1 L^0 \left[\alpha^1 \overline{c}^1 + \left(1-\alpha^1\right)\overline{g}^1\right]} \tag{8b}$$

$$\times \frac{\lambda^0 \hat{b}^1 L^0 \left[\alpha^1 \overline{c}^1 + \left(1-\alpha^1\right)\overline{g}^1\right]}{\lambda^0 \hat{b}^1 L^0 \left[\alpha^1 \overline{c}^0 + \left(1-\alpha^1\right)\overline{g}^1\right]} \tag{8c}$$

$$\times \frac{\lambda^0 \hat{b}^1 L^0 \left[\alpha^1 \overline{c}^0 + \left(1-\alpha^1\right)\overline{g}^1\right]}{\lambda^0 \hat{b}^1 L^0 \left[\alpha^1 \overline{c}^0 + \left(1-\alpha^1\right)\overline{g}^0\right]} \tag{8d}$$

$$\times \frac{\lambda^0 \hat{b}^1 L^0 \left[\alpha^1 \overline{c}^0 + \left(1-\alpha^1\right)\overline{g}^0\right]}{\lambda^0 \hat{b}^0 L^0 \left[\alpha^1 \overline{c}^0 + \left(1-\alpha^1\right)\overline{g}^0\right]} \tag{8e}$$

$$\times \frac{\lambda^0 \hat{b}^0 L^0 \left[\alpha^1 \overline{c}^0 + \left(1-\alpha^1\right)\overline{g}^0\right]}{\lambda^0 \hat{b}^0 L^0 \left[\alpha^0 \overline{c}^0 + \left(1-\alpha^0\right)\overline{g}^0\right]} \tag{8f}$$

若以上分解的"镜像"分解顺序是 $\alpha \to b \to \overline{g} \to \overline{c} \to A \to \lambda$，则

$$\frac{w^1}{w^0} = \frac{\lambda^1 \hat{b}^1 L^1 \left[\alpha^1 \overline{c}^1 + \left(1-\alpha^1\right)\overline{g}^1\right]}{\lambda^0 \hat{b}^0 L^0 \left[\alpha^0 \overline{c}^0 + \left(1-\alpha^0\right)\overline{g}^0\right]} = \frac{\lambda^1 i}{\lambda^0 i} \tag{9a}$$

$$\times \frac{\lambda^1 \hat{b}^0 L^1 \left[\alpha^0 \overline{c}^0 + \left(1-\alpha^0\right)\overline{g}^0\right]}{\lambda^1 \hat{b}^0 L^0 \left[\alpha^0 \overline{c}^0 + \left(1-\alpha^0\right)\overline{g}^0\right]} \tag{9b}$$

$$\times \frac{\lambda^1 \hat{b}^0 L^1 \left[\alpha^0 \overline{c}^1 + \left(1-\alpha^0\right)\overline{g}^0\right]}{\lambda^1 \hat{b}^0 L^1 \left[\alpha^1 \overline{c}^0 + \left(1-\alpha^0\right)\overline{g}^0\right]} \tag{9c}$$

$$\times \frac{\lambda^1 \hat{b}^0 L^1 \left[\alpha^0 \overline{c}^1 + \left(1-\alpha^0\right)\overline{g}^1\right]}{\lambda^1 \hat{b}^0 L^1 \left[\alpha^0 \overline{c}^1 + \left(1-\alpha^0\right)\overline{g}^0\right]} \tag{9d}$$

$$\times \frac{\lambda^1 \hat{b}^1 L^1 \left[\alpha^0 \overline{c}^1 + \left(1-\alpha^0\right)\overline{g}^1\right]}{\lambda^1 \hat{b}^0 L^1 \left[\alpha^0 \overline{c}^1 + \left(1-\alpha^0\right)\overline{g}^1\right]} \tag{9e}$$

$$\times \frac{\lambda^1 \hat{b}^1 L^1 \left[\alpha^1 \overline{c}^1 + \left(1-\alpha^1\right)\overline{g}^1\right]}{\lambda^1 \hat{b}^1 L^1 \left[\alpha^0 \overline{c}^1 + \left(1-\alpha^0\right)\overline{g}^1\right]} \tag{9f}$$

取上面一对分解的几何平均值，得

λ 变化的影响： $E\lambda = \sqrt{\text{式}(8a) \times \text{式}(9a)} = \lambda^1 / \lambda^0$。

A 变化的影响： $EA = \sqrt{式(8b) \times 式(9b)}$ 。

$\bar{c}$ 变化的影响： $E\bar{c} = \sqrt{式(8c) \times 式(9c)}$ 。

$\bar{g}$ 变化的影响： $E\bar{g} = \sqrt{式(8d) \times 式(9d)}$ 。

b 变化的影响： $Eb = \sqrt{式(8e) \times 式(9e)}$ 。

α 变化的影响： $E\alpha = \sqrt{式(8f) \times 式(9f)}$ 。

式（3.11）中局部闭模型对应的"镜像"分解顺序是 $r \to b \to \bar{g} \to \bar{c} \to A \to \mu$ ，分解公式如下。

$$\frac{\begin{bmatrix} \boldsymbol{x}^1 \\ \boldsymbol{w}^1 \end{bmatrix}}{\begin{bmatrix} \boldsymbol{x}^0 \\ \boldsymbol{w}^0 \end{bmatrix}} = \frac{\mu^1 \begin{bmatrix} \boldsymbol{I}-\boldsymbol{A}^1 & -r^1\bar{\boldsymbol{c}}^1\boldsymbol{i}' \\ -\hat{\boldsymbol{b}}^1 & \boldsymbol{I} \end{bmatrix}^{-1} \begin{bmatrix} \bar{\boldsymbol{g}}^1 \\ 0 \end{bmatrix}}{\mu^0 \begin{bmatrix} \boldsymbol{I}-\boldsymbol{A}^0 & -r^0\bar{\boldsymbol{c}}^0\boldsymbol{i}' \\ -\hat{\boldsymbol{b}}^0 & \boldsymbol{I} \end{bmatrix}^{-1} \begin{bmatrix} \bar{\boldsymbol{g}}^1 \\ 0 \end{bmatrix}} = \frac{\mu^1 \boldsymbol{i}}{\mu^0 \boldsymbol{i}} \qquad (10a)$$

$$\times \frac{\mu^1 \begin{bmatrix} \boldsymbol{I}-\boldsymbol{A}^1 & -r^0\bar{\boldsymbol{c}}^0\boldsymbol{i}' \\ -\hat{\boldsymbol{b}}^0 & \boldsymbol{I} \end{bmatrix}^{-1} \begin{bmatrix} \bar{\boldsymbol{g}}^0 \\ 0 \end{bmatrix}}{\mu^1 \begin{bmatrix} \boldsymbol{I}-\boldsymbol{A}^0 & -r^0\bar{\boldsymbol{c}}^0\boldsymbol{i}' \\ -\hat{\boldsymbol{b}}^0 & \boldsymbol{I} \end{bmatrix}^{-1} \begin{bmatrix} \bar{\boldsymbol{g}}^0 \\ 0 \end{bmatrix}} \qquad (10b)$$

$$\times \frac{\mu^1 \begin{bmatrix} \boldsymbol{I}-\boldsymbol{A}^1 & -r^0\bar{\boldsymbol{c}}^1\boldsymbol{i}' \\ -\hat{\boldsymbol{b}}^0 & \boldsymbol{I} \end{bmatrix}^{-1} \begin{bmatrix} \bar{\boldsymbol{g}}^0 \\ 0 \end{bmatrix}}{\mu^1 \begin{bmatrix} \boldsymbol{I}-\boldsymbol{A}^1 & -r^0\bar{\boldsymbol{c}}^0\boldsymbol{i}' \\ -\hat{\boldsymbol{b}}^0 & \boldsymbol{I} \end{bmatrix}^{-1} \begin{bmatrix} \bar{\boldsymbol{g}}^0 \\ 0 \end{bmatrix}} \qquad (10c)$$

$$\times \frac{\mu^1 \begin{bmatrix} \boldsymbol{I}-\boldsymbol{A}^1 & -r^0\bar{\boldsymbol{c}}^1\boldsymbol{i}' \\ -\hat{\boldsymbol{b}}^0 & \boldsymbol{I} \end{bmatrix}^{-1} \begin{bmatrix} \bar{\boldsymbol{g}}^1 \\ 0 \end{bmatrix}}{\mu^1 \begin{bmatrix} \boldsymbol{I}-\boldsymbol{A}^1 & -r^0\bar{\boldsymbol{c}}^1\boldsymbol{i}' \\ -\hat{\boldsymbol{b}}^0 & \boldsymbol{I} \end{bmatrix}^{-1} \begin{bmatrix} \bar{\boldsymbol{g}}^0 \\ 0 \end{bmatrix}} \qquad (10d)$$

$$\times \frac{\mu^1 \begin{bmatrix} \boldsymbol{I}-\boldsymbol{A}^1 & -r^0\bar{\boldsymbol{c}}^1\boldsymbol{i}' \\ -\hat{\boldsymbol{b}}^1 & \boldsymbol{I} \end{bmatrix}^{-1} \begin{bmatrix} \bar{\boldsymbol{g}}^1 \\ 0 \end{bmatrix}}{\mu^1 \begin{bmatrix} \boldsymbol{I}-\boldsymbol{A}^1 & -r^0\bar{\boldsymbol{c}}^1\boldsymbol{i}' \\ -\hat{\boldsymbol{b}}^0 & \boldsymbol{I} \end{bmatrix}^{-1} \begin{bmatrix} \bar{\boldsymbol{g}}^1 \\ 0 \end{bmatrix}} \qquad (10e)$$

$$\times \frac{\mu^1 \begin{bmatrix} I - A^1 & -r^1\overline{c}^1 i' \\ -\hat{b}^1 & I \end{bmatrix}^{-1} \begin{bmatrix} \overline{g}^1 \\ 0 \end{bmatrix}}{\mu^1 \begin{bmatrix} I - A^1 & -r^0\overline{c}^1 i' \\ -\hat{b}^1 & I \end{bmatrix}^{-1} \begin{bmatrix} \overline{g}^1 \\ 0 \end{bmatrix}} \qquad (10f)$$

取式（3.11）和式（10）分解的几何平均值，得

μ 变化的影响：$E\mu = \sqrt{式(3.11a) \times 式(10a)} = \mu^1/\mu^0$。

A 变化的影响：$EA = \sqrt{式(3.11b) \times 式(10b)}$。

$\overline{c}$ 变化的影响：$E\overline{c} = \sqrt{式(3.11c) \times 式(10c)}$。

$\overline{g}$ 变化的影响：$E\overline{g} = \sqrt{式(3.11d) \times 式(10d)}$。

b 变化的影响：$Eb = \sqrt{式(3.11e) \times 式(10e)}$。

r 变化的影响：$Er = \sqrt{式(3.11f) \times 式(10f)}$。

附录 3　中国投入产出表部门分类

附表 1　中国投入产出表部门分类

序号	部门名称
1	农林牧渔业
2	煤炭开采和洗选业
3	石油和天然气开采业
4	金属矿采选业
5	非金属矿及其他矿采选业
6	食品制造及烟草加工业
7	纺织业
8	纺织服装鞋帽皮革羽绒及其制品业
9	木材加工及家具制造业
10	造纸印刷及文教体育用品制造业
11	石油加工、炼焦及核燃料加工业
12	化学工业
13	非金属矿物制品业
14	金属冶炼及压延加工业
15	金属制品业
16	通用、专用设备制造业

序号	部门名称
17	交通运输设备制造业
18	电气机械及器材制造业
19	通信设备、计算机及其他电子设备制造业
20	仪器仪表及文化办公用机械制造业
21	工艺品及其他制造业
22	废品废料
23	电力、热力的生产和供应业
24	燃气生产和供应业
25	水的生产和供应业
26	建筑业
27	交通运输及仓储业
28	邮政业
29	信息传输、计算机服务和软件业
30	批发和零售业
31	住宿和餐饮业
32	金融业
33	房地产业
34	租赁和商务服务业
35	研究与试验发展业
36	综合技术服务业
37	水利、环境和公共设施管理业
38	居民服务和其他服务业
39	教育
40	卫生、社会保障和社会福利业
41	文化、体育和娱乐业
42	公共管理和社会组织

附录 4　1997 年和 2007 年投入产出表中的劳动者报酬调整

$\tilde{w}_a$ 表示 2007 年投入产出表中列出的农业部门的劳动者报酬，k 表示国有和集体农场的营业盈余，x_a 表示农业部门的总产出。由于 2007 年投入产出表中农业部门的劳动者报酬中混合了营业盈余，因此从 2007 年投入产出表中农业部门的

劳动者报酬中扣除营业盈余得到调整后的劳动者报酬 w_a^{2007} 为

$$w_a^{2007} = \tilde{w}_a^{2007} - \frac{k^{2002}}{x_a^{2002}} x_a^{2007}$$

上面的公式隐含的基本假设是 2007 年国有和集体农场的营业盈余与农业部门总产出的比率与 2002 年相同，并且国有农场和集体农场在农业部门总产出中的份额不变。由 2008 年的《中国统计年鉴》可知，国有农场占农业部门总产出的份额变化不大，2002 年和 2007 年分别为 2.65% 和 2.97%。

对于非农业部门，2007 年投入产出表所列的劳动者报酬 $\tilde{w}_{na}^{2007}$ 仅包括员工报酬，应进一步计入个体经营户的收入。2007 年调整后的劳动者报酬向量为

$$w_{na}^{2007} = \tilde{w}_{na}^{2007} + y^{2007} s^{2004}$$

其中，y^{2007} 表示个体经营者的非农业总收入；s^{2004} 表示 2004 年个体经营者收入份额向量，其中的元素 s_i^{2004} 表示个体经营者在非农部门 i 进行经营活动获得的收入占非农业总收入的比重。2004 年，中国进行了第一次全国经济普查，在此基础上，国家统计局公布了不同行业的个体经营户收入，以上计算假设 2007 年个体经营户的行业收入份额与 2004 年相同。

附录 5   居民消费增长分解

利用分块矩阵的逆运算，式（3.4）可以写为

$$\begin{bmatrix} x \\ w \end{bmatrix} = \begin{bmatrix} L[I + C(I - \hat{b}LC)^{-1}\hat{b}L] & LC(I - \hat{B}LC)^{-1} \\ (I - \hat{b}LC)^{-1}\hat{b}L & (I - \hat{b}LC)^{-1} \end{bmatrix} \begin{bmatrix} g \\ 0 \end{bmatrix}$$

其中，$L = (I - A)^{-1}$；$C \equiv r\bar{c}i'$。居民消费向量的表达式为

$$c = Cw = C(I - \hat{b}LC)^{-1}\hat{b}Lg = r\bar{c}i'(I - \hat{b}Lr\bar{c}i')^{-1}\hat{b}Lg = \mu r\bar{c}i'(I - \hat{b}Lr\bar{c}i')^{-1}\hat{b}L\bar{g}$$

$$（11）$$

式（11）也可以写成 $c = \gamma \bar{c}$，$\gamma = \mu r i'(I - \hat{b}Lr\bar{c}i')^{-1}\hat{b}L\bar{g}$，易得如下结论：① μ 的变化、r 的变化、A 或 L 的变化、b 的变化和 $\bar{g}$ 的变化对居民消费向量的影响都是通过标量 γ 产生的；② A 的变化对部门 i 的居民消费变化 Δc_i 的影响与部门 j 的居民消费变化 Δc_j 的影响相同。

居民消费增长可以表示为

$$\frac{c^1}{c^0} = \frac{\mu^1 r^1 \bar{c}^1 i'(I - \hat{b}^1 L^1 r^1 \bar{c}^1 i')^{-1} \hat{b}^1 L^1 \bar{g}^1}{\mu^0 r^0 \bar{c}^0 i'(I - \hat{b}^0 L^0 r^0 \bar{c}^0 i')^{-1} \hat{b}^0 L^0 \bar{g}^0} = \frac{\mu^1 i}{\mu^0 i}$$

$$（12a）$$

$$\times \frac{r^1 \bar{c}^1 i'(I - \hat{b}^1 L^1 r^1 \bar{c}^1 i')^{-1} \hat{b}^1 L^1 \bar{g}^1}{r^0 \bar{c}^1 i'(I - \hat{b}^1 L^1 r^0 \bar{c}^1 i')^{-1} \hat{b}^1 L^1 \bar{g}^1}$$

$$（12b）$$

$$\times \frac{r^0 \overline{c}^1 i'(I - \hat{b}^1 L' r^0 \overline{c}^1 i')^{-1} \hat{b}^1 L' \overline{g}^1}{r^0 \overline{c}^0 i'(I - \hat{b}^1 L' r^0 \overline{c}^0 i')^{-1} \hat{b}^1 L' \overline{g}^1} \tag{12c}$$

$$\times \frac{r^0 \overline{c}^0 i'(I - \hat{b}^1 L' r^0 \overline{c}^0 i')^{-1} \hat{b}^1 L' \overline{g}^1}{r^0 \overline{c}^0 i'(I - \hat{b}^0 L' r^0 \overline{c}^0 i')^{-1} \hat{b}^0 L' \overline{g}^1} \tag{12d}$$

$$\times \frac{r^0 \overline{c}^0 i'(I - \hat{b}^0 L' r^0 \overline{c}^0 i')^{-1} \hat{b}^0 L' \overline{g}^1}{r^0 \overline{c}^0 i'(I - \hat{b}^0 L' r^0 \overline{c}^0 i')^{-1} \hat{b}^0 L' \overline{g}^1} \tag{12e}$$

$$\times \frac{r^0 \overline{c}^0 i'(I - \hat{b}^0 L' r^0 \overline{c}^0 i')^{-1} \hat{b}^0 L' \overline{g}^1}{r^0 \overline{c}^0 i'(I - \hat{b}^0 L' r^0 \overline{c}^0 i')^{-1} \hat{b}^0 L' \overline{g}^0} \tag{12f}$$

以上分解对应的"镜像"分解为

$$\frac{c^1}{c^0} = \frac{\mu^1 r^1 \overline{c}^1 i'(I - \hat{b}^1 L' r^1 \overline{c}^1 i')^{-1} \hat{b}^1 L' \overline{g}^1}{\mu^0 r^0 \overline{c}^0 i'(I - \hat{b}^0 L' r^0 \overline{c}^0 i')^{-1} \hat{b}^0 L' \overline{g}^0} = \frac{\mu^1 i}{\mu^0 i} \tag{13a}$$

$$\times \frac{r^1 \overline{c}^0 i'(I - \hat{b}^0 L' r^1 \overline{c}^0 i')^{-1} \hat{b}^0 L' \overline{g}^0}{r^0 \overline{c}^0 i'(I - \hat{b}^0 L' r^0 \overline{c}^0 i')^{-1} \hat{b}^0 L' \overline{g}^0} \tag{13b}$$

$$\times \frac{r^1 \overline{c}^1 i'(I - \hat{b}^0 L' r^1 \overline{c}^1 i')^{-1} \hat{b}^0 L' \overline{g}^0}{r^1 \overline{c}^0 i'(I - \hat{b}^0 L' r^1 \overline{c}^0 i')^{-1} \hat{b}^0 L' \overline{g}^0} \tag{13c}$$

$$\times \frac{r^1 \overline{c}^1 i'(I - \hat{b}^1 L' r^1 \overline{c}^1 i')^{-1} \hat{b}^1 L' \overline{g}^0}{r^1 \overline{c}^1 i'(I - \hat{b}^0 L' r^1 \overline{c}^1 i')^{-1} \hat{b}^0 L' \overline{g}^0} \tag{13d}$$

$$\times \frac{r^1 \overline{c}^1 i'(I - \hat{b}^1 L' r^1 \overline{c}^1 i')^{-1} \hat{b}^1 L' \overline{g}^0}{r^1 \overline{c}^1 i'(I - \hat{b}^1 L' r^1 \overline{c}^1 i')^{-1} \hat{b}^1 L' \overline{g}^0} \tag{13e}$$

$$\times \frac{r^1 \overline{c}^1 i'(I - \hat{b}^1 L' r^1 \overline{c}^1 i')^{-1} \hat{b}^1 L' \overline{g}^1}{r^1 \overline{c}^1 i'(I - \hat{b}^1 L' r^1 \overline{c}^1 i')^{-1} \hat{b}^1 L' \overline{g}^0} \tag{13f}$$

取式（12）和式（13）分解的几何平均值，得

μ 变化的影响：$E\mu = \sqrt{式(12a) \times 式(13a)} = \mu^1 / \mu^0$。

r 变化的影响：$Er = \sqrt{式(12b) \times 式(13b)}$。

$\overline{c}$ 变化的影响：$E\overline{c} = \sqrt{式(12c) \times 式(13c)}$。

b 变化的影响：$Eb = \sqrt{式(12d) \times 式(13d)}$。

A 变化的影响：$EA = \sqrt{式(12e) \times 式(13e)}$。

$\overline{g}$ 变化的影响：$Eg = \sqrt{式(12f) \times 式(13f)}$。

在局部闭模型中，A、r、b 和 $\overline{g}$ 对居民消费向量的影响通过劳动者报酬总量产生，它们对各部门消费量的影响相同。如附表 2 所示，由于 1997～2007 年劳动者报酬系数大幅下降，b 对居民消费产生了显著的负向影响，r 和 $\overline{g}$ 对居民消费产生了较小的负向影响，而 A 对居民消费产生了较小的正向影响。

附表 2 居民消费增长的分解结果

投入产出部门	消费增长	$\overline{Ec}$
1	1.05	0.36
2	2.26	0.77
6	2.19	0.75
7	0.69	0.24
8	2.46	0.84
9	1.32	0.45
10	1.61	0.55
11	15.73	5.37
12	2.25	0.77
13	0.53	0.18
15	1.50	0.51
16	1.38	0.47
17	4.31	1.47
18	1.92	0.66
19	2.41	0.82
20	2.11	0.72
21	3.14	1.07
23	5.60	1.91
24	4.12	1.40
25	3.72	1.27
27	3.72	1.27
28	0.55	0.19
29	12.57	4.29
30	3.92	1.34
31	5.01	1.71
32	4.51	1.54
33	7.03	2.40
34	4.30	1.47
37	2.11	0.72
38	7.32	2.50
39	8.13	2.77
40	5.47	1.87
41	1.99	0.68

续表

总体效应	
因素	效应
EA	1.01
Er	0.95
Eb	0.72
$E\bar{g}$	0.94
$E\mu$	4.58

注：部门 3、部门 4、部门 5、部门 14、部门 22、部门 26、部门 35、部门 36、部门 42 不提供居民消费品，因此表中未给出这些部门的消费增长分解结果

消费份额向量 $\bar{c}$ 的变化对不同部门的消费产生了不同的影响。根据附表 2 可知，石油加工、炼焦及核燃料加工业（部门 11）及信息传输、计算机服务和软件业（部门 29）的消费量大幅增加，分别增长了(15.73–1)×100% = 1473%和(12.57–1)×100% = 1157%。其中，规模效应导致这些部门的居民消费均增长了 358%，汽油和信息通信技术服务在居民消费中份额的大幅增加导致部门 11 和部门 29 的消费分别增长了 437%和 329%。信息通信技术的发展使得人们对传统邮政服务的需求急剧下降，导致邮政业（部门 28）消费量下降了 81%。随着人民生活水平的提高，纺织业（部门 7）和农林牧渔业（部门 1）在居民总消费中份额下降，并对这些部门的产品的消费增长产生了很大的负向影响。